Hrsg: Martin Winiecki

GRUNDSTEINE LEGEN
FÜR EINE NEUE ZIVILISATION

Beiträge zur Perspektive der globalen Revolution
Studientexte der Schule Terra Nova

I0118348

Über das Buch:

Das vorliegende Buch enthält aktuelle Beiträge aus dem Friedensforschungszentrum Tamera in Portugal. In einer Zeit, in der die Medien voll sind von Kriegs- und Katastrophenmeldungen, öffnet sich hier ein geistiges Tor zu einer anderen Entwicklungsmöglichkeit: Unser Planet mit seinen Menschen und Tieren, seinen Landschaften und Gewässern ist heilbar, wenn wir diese Heilung mit aller Kraft wollen und umsetzen.

Die einzelnen Beiträge sind Studientexte der Schule Terra Nova. Weltweit haben Gruppen von Menschen begonnen, die vorliegenden Gedanken zu studieren und in ihren Freundeskreisen und Netzwerken zu verbreiten. Gemeinsam arbeiten sie daran, ein globales Bewusstsein darüber aufzubauen, dass und wie ein profunder Systemwechsel gelingen kann. Es ist eine neue Art von Revolution. Sie ist ohne Vorbild. Fast noch im Verborgenen, undogmatisch und offen für alle, die sich ihr anschließen wollen, bahnt sich hier ein neuer menschheitlicher Impuls seinen Weg.

ISBN 978-3-927266-46-9

© 2013, Verlag Meiga, 1. Auflage

Layout & Satz: Juliane Paul
Titelbild: (CC) by openwalls.com
Druck: Lightning Source Ltd. UK/USA

Wie könnte ein Ziel aussehen, das die ganze Menschheit begeistert?

Für welches Ziel würde die Menschheit um ihr Überleben kämpfen und um das Überleben des ganzen Planeten?

Wofür würde sie alle Streitigkeiten hinter sich lassen, um es mit geeinten Kräften zu verwirklichen?

INHALT

III MATERIELLE GRUNDLAGE

IV ANHANG

SCHULE TERRA NOVA.
NETZWERK FÜR EINEN GLOBALEN SYSTEMWECHSEL

Vorwort des Herausgebers

Das vorliegende Buch enthält Studientexte der Schule Terra Nova. Wir haben dieses weltweite Ausbildungsnetzwerk im Mai 2013 gegründet. Die Schule Terra Nova soll ein Katalysator für den globalen Systemwechsel werden. Sie will all diejenigen stärken und miteinander verbinden, die für eine neue Erde ohne Gewalt und Krieg arbeiten wollen.

Innerhalb der ersten Wochen erreichten uns viele Anmeldungen und positive Rückmeldungen aus aller Welt. Erste Studiengruppen und Zentren entstehen jetzt in über dreißig Ländern, in Europa und Nahost, Nord- und Südamerika, Afrika, Asien und Australien. Gemeinsam arbeiten wir an einer Perspektive für die Heilung von Mensch und Erde. Wir wollen der globalen Revolution, in der wir leben, eine humane Richtung geben. Wir laden euch zur Teilnahme ein!

In diesem Buch geben wir Einblick in einige Kernbereiche der Friedensausbildung, mit Grundtexten von und über die HauptlehrerInnen der Schule: Dr. Dieter Duhm, Sabine Lichtenfels und Bernd W. Müller. Wir beginnen mit den theoretischen Grundlagen der neuen Friedenszentren und Zukunftsmodelle, die im globalen „Plan der Heilungsbiotope" zusammengefasst sind. Dieser zeigt, warum und wie sich eine neue Friedensentwicklung auf unserem Planeten trotz der scheinbaren Übermacht der Gewaltsysteme in verhältnismäßig kurzer Zeit durchsetzen könnte. Mit aktuellen Beiträgen, die anlässlich der Gründung der globalen Liebesschule in Tamera entstanden sind, beleuchten wir anschließend die menschlichen Kernthemen von Gemeinschaft, Sexualität, Liebe und Partnerschaft. Das Buch schließt mit zwei wesentlichen Aspekten für den ökologischen Aufbau der neuen Kultur: dem Konzept der Wasser-Retentionslandschaften und einer gewaltfreien Kooperation mit Tieren und allen Mitgeschöpfen.

Die Schule Terra Nova besteht aus lokalen Gruppen, die diese Informationen studieren und sie an Freunde, Nachbarn und Interessierte, an Netzwerke und Bewegungen weitergeben. Es sind Lernkreise und „revolutionäre Zellen", die sich wöchentlich treffen, um die Themen gemeinsam durchzuarbeiten und zu vertiefen. Zu Beginn jedes Monats erhalten sie ein Ausbildungspaket mit Studientexten, Reden, Videos und weiterführender Literatur zu einem dieser (und weiterer) Kernbereiche, die durch Live-Stream-Reden und Online-Kolloquien aus Tamera weiter ausgeführt werden. Darüber hinaus organisieren sie politische Abende, Lesungen, Film-Vorführungen und Kunstaktionen in den verschiedenen Städten und Ländern, um neue Gedanken in die Öffentlichkeit zu bringen. Gemeinsam feiern sie Aktionstage wie den jährlichen Global Grace Day am 9. November und kommen einmal im Jahr mit der weltweiten Lerngemeinschaft zu einem gemeinsamen Treffen zusammen. Die einzelnen TeilnehmerInnen und Gruppen arbeiten nicht mehr allein, sondern verstehen sich mehr und mehr als Teil einer neuen planetarischen Gemeinschaft.

Die Schule Terra Nova ging aus dem Friedensforschungszentrum Tamera im südlichen Portugal hervor, in dem Grundlagen einer post-kapitalistischen Gesellschaftsform erforscht und – soweit wie schon möglich – modellhaft umgesetzt werden. Das Projekt – von Dieter Duhm, Sabine Lichtenfels und anderen ursprünglich in

Deutschland gegründet – beruht auf einer 35-jährigen interdisziplinären Forschungsarbeit. Hier verbinden sich soziale, spirituelle, ökologische und technologische Forschungen zu einer konkreten Lebensform. Heute sind rund 200 MitarbeiterInnen und internationale StudentInnen am Aufbau des Projektes beteiligt.

Als junge Generation in Tamera gründeten wir die Schule Terra Nova als eine weltweite Kooperative für alle, die sich dieser Arbeit anschließen wollen. Sie ist unsere Antwort auf das unsägliche Leiden, welches tagtäglich auf unserem Planeten geschieht.

Die globale Revolution, die an immer mehr Orten aufflammt, markiert den Zusammenbruch der bestehenden Gesellschaften. Die Proteste – vom arabischen Frühling bis nach Istanbul und Brasilien – sind nicht mehr die Kämpfe bestimmter politischer Ideologien, sie sind der fundamental menschliche Aufschrei: „Es reicht! Schluss mit diesem Wahnsinn!" Wir hören den Aufschrei aus aller Welt.

Die Zeit des Imperialismus ist vorbei. Das alte System befindet sich unaufhaltsam im Zusammenbruch – sozial, ökologisch und ökonomisch. Auf der Erde hat eine neue Entwicklung begonnen. Neue Lebenskräfte erheben sich gegen die Mauern einer jahrtausendealten Gewaltepoche und suchen die neue Welt. Trotz allem Widerstand sind sie auf Dauer nicht aufzuhalten. Wir brauchen jetzt aber eine gemeinsame Perspektive, um eine Friedenskraft zu entwickeln, die stärker ist als alle Gewalt.

Dafür braucht die Bewegung Orte, an denen die neue Perspektive entwickelt und gezeigt wird. Das kann damit beginnen, dass man die Gedanken durch die entsprechenden Bücher und Schriften verbreitet oder Veranstaltungen organisiert. Interessierte Menschen werden sich zu Studiengruppen zusammenschließen, aus denen im Laufe der Zeit Gemeinschaften entstehen. Die Gruppen betreiben spezielle Buchläden, Cafés, Kulturzentren, Höfe mit Wasser-Retentionslandschaften, bis hin zu Modell-Universitäten und ganzen Heilungsbiotopen. Es sind Vorboten einer kommenden Gesellschaft des Friedens. Die Menschen, die für Terra Nova arbeiten, folgen immer entschiedener bestimmten ethischen Richtlinien wie Wahrheit, gegenseitiger Unterstützung und verantwortlicher Teilnahme am Ganzen. Es sind Grundregeln für eine humane Kultur. Sie gelten im ökologischen und gesellschaftlichen Bereich ebenso wie in den intimsten Fragen von Sexualität, Liebe und Partnerschaft. So werden im Inneren eines jeden Einzelnen die Weichen anders gestellt: von der Matrix der Angst zur Matrix von Vertrauen und Kooperation. Durch innere Drehungen und entsprechende Aktionen im Äußeren werden sich die TeilnehmerInnen der planetarischen Bewegung die positive Handlungsmacht wieder aneignen, die sie zuvor an Gesellschaft und Staat abgegeben hatten. Die neuen Revolutionäre arbeiten nicht mehr in Reaktion auf ein kollabierendes System, sondern im Hinblick auf die neue Wirklichkeit, die sie durch ihre Geister, Herzen und Hände zur Geburt bringen. Der Systemwechsel ist bereits im Gang, wenn wir richtig miteinander kooperieren.

Wir können den Übergang zur neuen Epoche vielleicht mit der Verwandlung der Raupe zum Schmetterling vergleichen. Aus dem Stoff des alten Organimus bildet sich ein vollkommen neuer. Wie der Schmetterling als innere Zielgestalt bereits in der Raupe lebt, so lebt Terra Nova, die neue Erde, als verborgenes Potential bereits innerhalb dieser bestehenden Welt – und in uns. Das Leben verfügt über immense Selbstheilungskräfte. Sie stecken innerhalb jedes lebendigen Organismus, auch wenn er noch so verletzt ist. Je mehr wir diese Aktionspotentiale der Heilung sehen und unser Leben, unsere Gedanken und Handlungen auf sie beziehen können, anstatt auf die momentanen Defekte und Schäden, umso mehr können die Heilungskräfte wirksam werden und schließlich den Umschlag bewirken. An die Friedenskräfte der Erde geht die Aufgabe: Findet die Gedanken, Worte und Bilder, die das Zielbild einer neuen geheilten Erde aktivieren! Die Schule Terra Nova stellt sich in den Dienst dieser Arbeit. Wir freuen uns auf die kommende Zusammenarbeit.

Im Namen der Liebe für alles Lebendige.

Martin Winiecki
Tamera, Portugal im Juli 2013

I THEORIE DER GLOBALEN HEILUNG

TERRA NOVA
Projekt für eine freie Erde

Dieter Duhm, 2013

Die gegenwärtige Gesellschaft zerbricht an inneren Widersprüchen, die mit herkömmlichen Mitteln nicht mehr gelöst werden können. Der Mensch ist ein „Zoon politikon", ein gesellschaftliches Wesen und unterliegt als solches den Gesetzen der Gesellschaft. Gleichzeitig aber ist er mit seiner leiblichen und seelischen Natur ein Mitglied der Biosphäre und unterliegt als solches den Gesetzen des organischen Lebens. Wenn diese beiden Gesetzestafeln zueinander im Widerspruch stehen, entstehen Krankheit, Kriminalität, Gewalt und Krieg. Heute erleben wir eine planetarische Zuspitzung dieses Widerspruchs. Wir erleben globale Epidemien von Krankheit und Gewalt. Die Menschheit hat sich falsch organisiert. Sie hat eine Lebensform errichtet, die nicht mit den Gesetzen des Lebens übereinstimmt. Wir sind an eine apokalyptische Grenze gestoßen, jenseits derer kein Weiterleben möglich ist. Um die Sackgasse zu überwinden, brauchen wir keine Megastädte und keine billionenschweren Technologien für die Auswanderung zum Mars (obwohl auch die zu interessanten Resultaten führen könnte), sondern wir brauchen intelligente Konzepte für eine neue Besiedelung des Planeten Erde. Wir brauchen keine Reform, sondern wir brauchen eine neue Richtung der menschlichen Evolution. Wir stehen am Beginn der größten Revolution in der bisherigen Geschichte.

Der neue Weg verlangt die Wiedereinbettung des menschlichen Lebens in die Grundgesetze des Universums und der Erde. Dazu gehören auch ethische, soziale, biotopische Gesetze. Jede Gewalt, die wir den Mitgeschöpfen zufügen, kommt als Krankheit oder Wahnsinn auf uns zurück. Die kommende Zivilisation ist frei von jeder Grausamkeit. Pflanzen und Tiere sind Kooperationspartner in der Evolution unserer Biosphäre, die wir gemeinsam durchlaufen.

Im Projekt Tamera sind wir seit 18 Jahren dabei, diese Gedanken in die Tat umzusetzen. In neuen ökologischen, technologischen und sozialen Forschungsbereichen versuchen wir, unsere menschliche Welt in die übergeordnete Lebenswelt einzuordnen. Vor allem arbeiten wir an Retentionslandschaften für die Heilung des Wassers und an neuen sozialen Systemen für die Heilung der Liebe. Millionen Kinder laufen hilflos und verlassen durch die Welt, weil ihre Eltern im Beziehungsclinch liegen. Unendlich viele menschliche Tragödien gehen auf das Konto unerfüllter Sehnsüchte und mißglückter Liebesbeziehungen. Für die Beendigung des heimlichen Geschlechterkriegs brauchen wir eine neue soziale und ethische Ordnung und eine neue Vision der Liebe. Für die Heilung der Liebe wie für die Heilung des Wassers müssen die bestehenden Kasernenformen überwunden und durch organische Formen ersetzt werden. Die Ökologie des neuen Zeitalters besteht in einer gewaltfreien Kooperation mit der Natur und allen ihren Wesen. Die Technologie der neuen Epoche basiert nicht auf dem Brechen von Widerständen (Explosion), sondern auf der Resonanz mit den Kräften der Natur. Das Wasser zeigt eine unglaubliche Kraft der Selbstreinigung, wenn wir es seinen eigenen Strömungsformen überlassen, statt es in künstliche Kanäle einzuzwängen. Die Natur arbeitet mit unerreichten Hochtechnologien in allen Bereichen. Sie enthält immanente Heilungskräfte, mit denen sie auch schwerste Verwüstungen übersteht und heilt. Das gilt für die Heilung des menschlichen Körpers wie für die Heilung der ganzen Biosphäre. Die innere Lebensmacht der Natur zeigte sich in unserem Projekt im südlichen Portugal, wo wir eine erodierte und halbverdurstete Landschaft durch die Anlage von Retentionsteichen in ein Paradies für Pflanzen und Tiere verwandeln konnten. Solche lokalen Heilungsmöglichkeiten werden heute noch durch die Methoden der Globalisierung – oft mit militärischem Einsatz – verhindert. Wir erleben heute einen globalen Krieg zwischen den Kräften des Lebens und den Mächten der Zerstörung. Die Kräfte des Lebens werden siegen, wenn die Friedensarbeiter aller Länder eine konkrete Utopie sehen und wenn die weltweite Empörung verbunden wird mit der großen Konzeption der neuen Erde. Wenn das Leben siegt, kann es keine Verlierer mehr geben.

Hungersnöte und Naturkatastrophen sind fast immer die Folge von menschlicher Fehlwirtschaft, die ihrerseits verursacht wird durch die Politik von Banken, Logen und Konzernen. Deren Zeit aber ist abgelaufen, die Epoche der kapitalistischen Globalisierung kann ohne unvorstellbares Blutvergießen und ohne gigantische Naturzerstörungen nicht weiter fortgesetzt werden. Das wissen auch Banken und Konzerne. Ihre Illuminaten sollten sich überlegen, ob sie nicht noch rechtzeitig die Seite wechseln wollen. Die weltweite Suche nach einer Alternative muss jetzt die Gesetze des Lebens einbeziehen und sie muss anerkennen, dass auch Tiere, die für die Schlachtung oder für Pelzmäntel gezüchtet werden, ein Herz und eine Seele haben. Hier liegt der tiefste Systemwechsel: es geht um den Wechsel von einer mörderischen Mechanik zu einer anteilnehmenden Hilfe – und dies nicht nur im

Sinne christlicher Nächstenliebe, sondern im Sinne jener kosmischen Ordnung, die wir die „Heilige Matrix" nennen.

Wasser, Nahrung und Energie stehen allen Menschen kostenlos zur Verfügung, wenn sie nach den Gesetzen der Natur produziert werden und nicht nach den Gesetzen des Profits. Die fast unbegrenzten Produktivkräfte der Natur ermöglichen fast unbegrenzte Möglichkeiten der Selbstversorgung. Der Systemwechsel vom Gesetz des Profits zum Gesetz des Lebens ist keine ideologische Frage, sondern eine Frage des kollektiven Überlebens.

Alles Leben und alle natürlichen Lebensgemeinschaften sind nach dem Muster der Heiligen Matrix organisiert. Alle Wesen sind verbunden durch eine innere Matrix, die sich in den menschlichen Beziehungen als Vertrauen, Solidarität und gegenseitige Unterstützung ausdrückt. Auch zwischen Mensch und allen Naturwesen gelten diese inneren Qualitäten. Terra Nova, das Bild der neuen Erde, zeigt eine menschliche Zivilisation, die mit der umgebenden Zivilisation der Naturreiche in einer vertrauensvollen und solidarischen Beziehung steht.

Die Menschenwelt braucht eine neue Information. Sie ist einige Jahrtausende lang gesteuert worden durch die Information von Gewalt und Krieg. Die Völker haben sich gegenseitig verfolgt und umgebracht. Alle heutigen Staaten sind aus einer blutigen Geschichte hervorgegangen. Die dabei erlittenen Leiden sind zu furchtbar, um beschrieben zu werden. Sie wurden von Jahrhundert zu Jahrhundert weitergegeben. Diese diabolische Kette hat fürchterliche Verletzungen im Kollektivkörper der Menschheit hinterlassen. Wir alle leiden an einem menschheitlichen Trauma, das dunkle Bilder und Ängste in unserer Kollektivseele hinterlassen hat. Das Trauma wird sich Generation für Generation so lange wiederholen, bis wir seine Ursachen erkannt und gelöscht haben. Viele Erneuerungsversuche, viele Friedensappelle, viele Alternativprojekte scheitern an der kollektiven Wand, die sich im Laufe einer mehrtausendjährigen Kriegsgeschichte im Inneren der Menschen aufgebaut hat. Es ist die Wand des verschlossenen Herzens. Die Aufgabe der neuen Zentren besteht darin, das historische Trauma zu überwinden, die traumatische Wand („Körperpanzer") zu öffnen und das Hologramm der Angst in ein Hologramm des Vertrauens zu verwandeln. Um dies zu schaffen, müssen wir einen globalen Schalter drehen. Der Schalter, der bislang die Information von Gewalt und Krieg aktiviert hat, muß jetzt auf die Information von Vertrauen und Kooperation gedreht werden. Das geschieht nicht allein durch Gebete, sondern durch eine konkrete Planung und Verwirklichung der neuen Welt. Wir müssen die Entscheidung treffen, auf welcher Seite wir stehen. In unseren Häusern und Gärten, unseren Anlagen für Wasser, Energie und Nahrung, unseren Liebesbeziehungen und Partnerschaften, unseren sozialen und politischen Systemen entscheiden wir darüber, welche Information in die Welt geht. Der Aufbau der neuen Zentren ist die kollektive Entscheidung von Menschen, die sich der Situation bewusst sind und deshalb ihren inneren Schalter auf die Richtung des Lebens drehen: das ist die Richtung von Solidarität und Kooperation, Vertrauen und Wahrheit – auch Wahrheit in der Liebe. Wieviel Gewalt und Leid ist allein durch Lüge in der Liebe ausgelöst worden! Es kann in der Welt keinen Frieden geben, solange in der Liebe Krieg ist. Nirgends ist die traumatische Schädigung so stark wie im Bereich von

Liebe und Gemeinschaft. Mit dem Verlust der Gemeinschaft ging der Menschheit ihre ethische Quelle verloren. Um ursprüngliche Werte wie Wahrheit, Solidarität und Vertrauen wieder herzustellen, brauchen wir funktionierende Gemeinschaften. Der Aufbau funktionierender Vertrauensgemeinschaften ist eines der höchsten und schwierigsten Ziele der gegenwärtigen Revolution.

Die neue Zivilisation entwickelt sich aus einem Netzwerk neuer Zentren, die alle mit den Gesetzen der universellen Lebensordnung verbunden sind. In dieser Verbindung wirkt die Trägerwelle der „morphogenetischen Feldbildung". Weil sie alle auf dieselbe Ordnung der Heiligen Matrix bezogen sind, rufen sie aus der kosmischen Datenbank dieselben Informationen ab, die für die Verwirklichung der epochalen Schritte notwendig sind. Sobald das geistige Trägerfeld gesetzt ist, beginnt der morphogenetische Feldprozess von selbst. Es bildet sich ein neues globales Feld. Es verbreitet sich gleichsam unterirdisch wie das Mycel der Pilze und bringt die neuen Kräfte hervor, die in der Lage sind, Betonplatten zu durchbrechen. Die Folge dieses neuen historischen Vorgangs ist leicht zu sehen: Überall auf der Erde entstehen die neuen Zellen, die Gärten und Retentionslandschaften, die Schulen und Bibliotheken, die Modelluniversitäten und Heilungsbiotope, welche die Botschaft des neuen Lebens verbreiten. Die Menschheit ist „reif" geworden für den Umschlag. Die arabische Revolution ist eine globale Revolution geworden, die ihr großes humanes Ziel gefunden hat. Hier herrscht keine Gewalt, sondern die Solidarität einer neuen planetarischen Gemeinschaft.

Wir arbeiten international am Aufbau globaler Heilungsbiotope. Der „Globale Campus" ist eine internationale Universität mit Stützpunkten in verschiedenen Ländern, wo die Grundgedanken und Ziele unserer Arbeit gelehrt und verwirklicht werden sollen. Im Zentrum der gegenwärtigen Arbeit steht die Friedensschule Tamera im südlichen Portugal. Um die Fortsetzung der Arbeit finanzieren zu können, brauchen wir Sponsoren. Auf eine gute Kooperation!

Im Namen der Wärme für alle Kreatur
Im Namen aller Kinder dieser Welt
Im Namen der Liebe
Danke und Amen

GLOBALER CAMPUS
Eine Erklärung der Grundgedanken und Ziele

Dieter Duhm, 2012

Was ist der Globale Campus?

Der Globale Campus ist eine weltweite Ausbildungsstätte für eine Zukunft ohne Krieg und für den Aufbau entsprechender Modelle. Das Basislager für den Globalen Campus befindet sich in dem Friedenszentrum Tamera in Portugal. Beteiligt sind Projekte und Menschen, die sich entschlossen haben, auf globaler Ebene zusammenzuarbeiten. Sie sehen die Notwendigkeit weltweiter Friedensmodelle und setzen sich für deren Verwirklichung ein. Erforscht und gelehrt wird der Aufbau von Friedensmodellen unter den jeweiligen regionalen Bedingungen. MitarbeiterInnen des Globalen Campus bejahen die Grundgedanken und Ziele, die in den folgenden Abschnitten beschrieben werden.

Der Globale Campus entwickelt ein Netzwerk autonomer Zentren, welche einem einheitlichen ethischen, sozialen und ökologischen Kodex folgen. Im Kern der globalen Heilungsarbeit steht ein neues Bündnis des Menschen mit allen Mitgeschöpfen. Wegweisend ist der Gedanke, dass der Friede im Äußeren nur hergestellt werden kann, wenn er im Inneren unter Menschen entsteht. Das Projekt orientiert sich in Theorie und Praxis an folgenden Leitlinien:

- Wiedereinordnung der Menschenwelt in die übergeordnete Welt des Lebens und der Schöpfung
- Gewaltfreie Kooperation mit allen Mitgeschöpfen. Keine Gewalt gegen Tiere
- Heilung des Wassers durch den Bau von „Wasser-Retentionslandschaften"

- Auf dieser Grundlage die Entwicklung von Permakultur und autarker Ernährung
- Ausstieg aus der Ölwirtschaft. Entwicklung autarker Energiesysteme
- Aufbau dezentraler Subsistenzwirtschaften
- Aufbau funktionierender Gemeinschaften
- Ethik der Wahrheit, der gegenseitigen Unterstützung und der verantwortlichen Teilnahme
- Beendigung des Geschlechterkriegs und aller sexuellen Erniedrigungen
- Wahrheit in der Liebe. Kein Betrug in den Partnerschaften
- Keine Rache. Grace statt Vergeltung

Dies sind Richtlinien der kommenden Weltgesellschaft mit ihren neuen Universitäten und neuen Siedlungen. Mit ihnen entsteht eine neue planetarische Ordnung, in der alle Wesen unseres Planeten untereinander verbunden sind – denn diese Ordnung stimmt überein mit jener Weltordnung, die wir die „Heilige Matrix" nennen.

Sabine Lichtenfels hat auf ihren internationalen Pilgerschaften in den Jahren 2004 bis 2008 zusammen mit Benjamin von Mendelssohn den Gedanken einer Weltuniversität in Gestalt des Globalen Campus entwickelt. Leitend war der Gedanke von GRACE: das Muster von Wut und Haß in ein Muster von menschlicher Anteilnahme und Solidarität zu verwandeln. Die Pilgerschaften gingen durch Israel und Palästina, Kolumbien und Portugal. Sie schreibt: *„Leitend ist die Frage, wie eine Zukunft ohne Krieg verwirklicht werden kann. Ethik und Philosophie des Globalen Campus habe ich beschrieben in dem Buch 'GRACE – Pilgerschaft für* *eine Zukunft ohne Krieg´*. Indem die Studenten lernen, im Namen von GRACE unterwegs zu sein und an verschiedenen Orten der Erde den Grundkonflikt zu sehen und zu verstehen, erlernen sie globales anteilnehmendes Denken. Sie erkennen auch, dass ein global gewordener Konflikt nur noch auf einer holistischen Ebene zur Lösung geführt werden kann.

Im Heilungsbiotop I Tamera in Portugal ist ein Forschungszentrum für internationale Friedenskräfte entstanden. Hier wird ökologisches, soziales, technologisches und menschliches Wissen für die Verwirklichung konkreter Friedensmodelle zusammengetragen. Tamera steht in Kooperation mit Friedensgemeinschaften und engagierten Friedensarbeitern in aller Welt. Es hat sich ein Lehrplan entwickelt, anhand dessen die Studenten die Grundlagen für eine neue Kultur erlernen können. Tamera ist eine Art Basisstation für den Globalen Campus."

Inzwischen sind in etlichen Kontinenten Gruppen und Projekte entstanden, die sich an den Grundgedanken des Globalen Campus orientieren. Von einigen Zentren in Kolumbien, Mexiko, Brasilien, Israel und Palästina über einige Gruppen der russischen Anastasia-Bewegung bis zu den neuen Zentren in Portugal und Schweiz bildet sich ein globales Netz für eine freie Erde. Aus der geistigen Kohärenz der Kräfte möge eine Globalisierung des Friedens hervorgehen, die stärker ist als alle Gewalt. Sabine Lichtenfels schreibt dazu: *„Ich danke allen Kräften, die bei der Errichtung dieses Netzwerks mitgeholfen haben und mithelfen werden. Möge die kosmische Familie auf der Erde wachsen, mögen wir uns gegenseitig erkennen und uns Kraft und Hoffnung schenken, auch in turbulenten Zeiten. Mögen wir immer daran denken, dass uns mächtige Kräfte der Heilung zur Seite stehen, wenn wir uns für sie öffnen. Es*

gibt etwas in uns allen, das uns an unsere ureigene heile
Gestalt erinnern möchte, individuell und menschheitlich.
Es ist der innere Gottespunkt (Omega) in uns allen, der
innere Schatz, der jetzt in uns gehoben werden möchte in
einer großen gemeinsamen planetarischen Aktion."

Warum so ein Projekt?

Wir haben hineingeleuchtet in die unsäglichen Einzel-
schicksale von Mensch und Tier in der globalisierten
Welt. Wer es gesehen hat, kann nicht zur Tagesordnung
übergehen. Die Gründer des Projekts handelten aus
Anteilnahme. Die unmittelbare Anteilnahme, die wir
bei Kindern beobachten und die wir selbst alle einmal
hatten, sollte nie mehr verlorengehen, sondern weiter-
wachsen, bis eine Lösung gefunden ist, um das Leiden
zu beenden. Vor 34 Jahren (im Mai 1978) wurde das
Projekt „Bauhütte" offiziell gegründet, aus dem das Projekt „Tamera" mit dem Plan des Globalen Campus hervorgegangen ist. Das Ausmaß der globalen Gewalt ver-
langte Methoden der Friedensarbeit, die weit über die
gängigen Parolen hinausgingen. Von den Mitarbeiter-
Innen des Projekts ist bis heute ein hoher persönlicher
Einsatz verlangt. Warum dieser radikale Weg?

Um es vorweg zu sagen: Solange auch nur ein einziges Kind verhungert, ein Tier gequält, ein afrikanisches
Mädchen beschnitten, eine Frau vergewaltigt, ein An-
dersgläubiger mißhandelt, ein junger Mensch zum
Krieg gezwungen wird, ist diese Welt nicht in Ordnung.
Es ist unsere definitive Aufgabe, die Welt von den unsäglichen Schmerzen zu befreien. Wir können immer
sagen, das sei eine Illusion. Aber sobald unsere Augen
aufgehen, sobald wir sehen, wie die Opfer leiden, sobald
wir selbst eines der gequälten Wesen werden, gibt es nur
einen einzigen Schrei: den Schrei nach Erlösung.

Wir erleben zur Zeit den historischen Zusammenbruch der alten Systeme. Die menschliche Evolution ist in eine globale Sackgasse geraten. Durch eine mehrtausendjährige Kriegsgeschichte und durch die Maßnahmen der kapitalistischen Globalisierung sind elementare Werte von Gemeinschaft, Wahrheit und Solidarität verloren gegangen. Die Folgen dieser Fehlentwicklung sind für die Opfer auf allen Kontinenten so grausam, dass wir die Augen schließen müssen. Die Erdbevölkerung lebt unter einer Hypnose von Angst und Gewalt.

Wir können diese Krise überwinden, indem wir der weiteren Entwicklung eine neue Richtung geben. Es geht nicht mehr darum, die bestehenden Systeme zu bekämpfen, denn die besorgen ihren Untergang selber. Es geht vielmehr darum, die neue Richtung zu kennen und für sie planetarische Stützpunkte zu schaffen. Das Maya-Datum vom 21. Dezember 2012 bezeichnet nicht das Ende der Welt, sondern den Beginn eines neuen Zeitalters. Die Millionen junger Menschen, die sich jetzt weltweit gegen die alten Strukturen erheben, brauchen eine neue Antwort und Perspektive. Niemand auf unserer Erde muss hungern, wenn wir ihren Reichtum sinnvoll nutzen. Nahrung, Wasser und Energie stehen der ganzen Menschheit kostenlos zur Verfügung, wenn wir die dafür geeigneten Strukturen schaffen: das sind Strukturen, die sich nicht an Macht und Profit orientieren, sondern an dem gemeinsamen Lebensinteresse aller Erdenbewohner einschließlich der Tiere. Wir können nicht mehr warten, bis Regierungen die dafür nötigen Entscheidungen treffen, wir müssen sie selber treffen. Die MitarbeiterInnen des Globalen Campus arbeiten an neuen Konzepten für das Zusammenleben mit der Natur, mit Tieren und Pflanzen, an neuen Projekten der Wasserheilung, am Aufbau entsprechender Nahrungsbiotope und an neuen Modellen für eine dezentrale Energieversorgung. Und sie arbeiten vor allem an neuen Formen des menschlichen Zusammenlebens einschließlich der intimsten Bereiche von Sex, Liebe, Partnerschaft und Gemeinschaft. Die Erde braucht Menschen, die nicht nur sagen, was wir brauchen, sondern die es tun.

Vera Kleinhammes, die derzeitige Koordinatorin des Globalen Campus in Tamera, schreibt: *„Wenn weltweit junge Menschen lernen können, Gemeinschaften aufzubauen, Konflikte zu lösen, erfolgreich gewaltfreien Widerstand zu leisten, wenn sie stabiles Wissen über Liebe, Sexualität und Partnerschaft lernen ebenso wie über die wichtigsten Fragen der ökologischen und energietechnologischen Nachhaltigkeit, der Netzwerkbildung, des Friedensjournalismus, der Nahrungserzeugung und der Heilung, dann geschieht die notwendige Globalisierung des Friedens. Dann werden wir als Menschen fähig sein, die aktuelle globale Transformation in eine positive Richtung zu lenken."*

Gemeinschaft

Eine zentrale Aufgabe der neuen Zeit liegt im Aufbau funktionierender menschlicher Gemeinschaften. Das allgemeine Krisenfeld unserer Zeit ist die Beziehung zwischen Menschen. Hier liegen die zentralen Schaltstellen für Krieg und Zerstörung – oder für die Heilung. Eine der wichtigsten Quellen für die Produktion negativer oder positiver Energie- und Informationsfelder ist die Art und Weise, wie Menschen miteinander umgehen. Vor allem hier, im Bereich untergründiger Ängste und Konflikte, müssen die Weichen neu gestellt, die latenten Kriege beendet und die psychologischen Minenfelder entschärft werden. Ganz zentral dreht es sich dabei um den Bereich von Sex, Liebe, Partnerschaft und Gemeinschaft. Die vielen neuen Gruppen und Projekte, die heute nach neuer Lebensorientierung suchen, werden erst zur Ruhe kommen, wenn sie für diesen Zentralbereich unserer menschlichen Existenz eine neue Perspektive gefunden haben. Die intimsten Fragen des Lebens sind keine Privatprobleme mehr, sondern kollektive Themen der Menschheit.

Die Gemeinschaften des Globalen Campus befolgen bestimmte ethische Grundregeln für das Zusammenleben: Wahrheit in der Kommunikation, auch in der Liebe, gegenseitige Unterstützung, verantwortliche Teilnahme, kein Machtmißbrauch, Bereitschaft zur Selbstveränderung, Verstehen statt Verurteilen, Grace statt Vergeltung, Solidarität mit den Wesen der Natur, keine Gewalt gegen Tiere. Die tatsächliche Befolgung dieser Grundregeln ist nur möglich, wenn die Beteiligten zu einer sehr intensiven Veränderung ihrer privaten Lebensgewohnheiten bereit sind, denn wir alle haben gelernt zu lügen und zu tricksen, um im gesellschaftlichen Leben über die Runden zu kommen. Jetzt aber sind Gemeinschaften zu errichten, in denen Lüge und Betrug keinen evolutionären Vorteil mehr haben. Wir brauchen neue soziale, sexuelle, ökonomische und geistige Strukturen, in denen reales Vertrauen entstehen kann. Vertrauen zwischen Menschen und Vertrauen zu allen Mitgeschöpfen. Hier gilt der Satz von Lynn Margulis: *„Wenn wir die ökologischen und sozialen Krisen, die wir herbeigeführt haben, überleben wollten, wären wir wohl gezwungen, uns auf völlig neue, dramatische Gemeinschaftsunternehmen einzulassen."*

Die kommenden Gemeinschaften basieren nicht mehr auf einer kollektiven Ideologie, sondern auf individueller Einsicht und Entscheidung. Man soll keine

Glaubenssätze auf die Fahnen schreiben, sondern die Gedanken im Inneren durcharbeiten und verstehen. Die Teilnahme an den neuen Gemeinschaften ist kein Prozeß der äußeren Anpassung, sondern ein Prozeß der Individuation. Individuelle Autonomie, eingebunden in eine positive Gemeinschaft, führt nicht zu Anarchie, sondern zur Teilnahme. Eine neue Kultur der Liebe, der freien Sexualität und der dauerhaften Partnerschaft ergibt sich aus der Befolgung der ethischen Grundregeln, wenn sie innerlich angenommen worden sind.

In der neuen Gemeinschaft entwickeln sich neue Formen eines gewaltfreien Zusammenlebens des Menschen mit der Natur und allen Mitgeschöpfen. Alle Wesen – Menschen, Tiere, Pflanzen und spirituelle Wesen – sind Teil der Gemeinschaft; alle haben teil an den heilenden Kraftfeldern, die in der Gemeinschaft entwickelt werden. Hieraus entstehen neuartige Zentren für eine Zukunft ohne Krieg – wir nennen sie die „Heilungsbiotope".

Heilung des Wassers
„Wer das Wassergeheimnis besitzt, besitzt die Macht."
Viktor Schauberger

Die neue Weltgesellschaft braucht eine neue Wasserwirtschaft. Wasser ist die Essenz der Natur, und Liebe ist die Essenz des Menschen. Beide Bereiche sind durch falsche Informationsfelder entstellt worden. Die Heilung des Wassertraumas und die Heilung des Liebestraumas sind zwei grundlegende Wege für eine neue, geheilte Erde. Wenn es gelingt, die Wasserkatastrophe zu beenden, dann ist auch die Hungerkatastrophe beendet. Denn eine natürliche Wasserwirtschaft ist die Grundlage der weltweiten Ernährung. Ein großer

Teil der Erdbevölkerung lebt in unbeschreiblicher Armut. Das Hungerelend ist nicht naturbedingt, es ist vom Menschen erzeugt worden durch ausbeutende Landbewirtschaftung und durch ein katastrophales Wassermanagement im Namen wirtschaftlicher Interessen. Es handelt sich um Systemfehler, die durch einen umfassenden Systemwechsel behoben werden können. Darin liegt ja der Sinn unserer Arbeit: Modelle zu schaffen für diesen globalen Systemwechsel.

Um global den Wasserkreislauf zu heilen, brauchen wir sogenannte Wasser-Retentionslandschaften. Das sind im Sinne der Landschaftsheilung gestaltete Gebiete, die in der Lage sind, alles Regenwasser aufzunehmen. Es durchtränkt dabei langsam den Erdkörper, füllt die Grundwasserspeicher und tritt sauber an Quellen wieder aus. Auf diese Weise kehrt es nicht als schmutziges Erosionswasser, sondern als frisches Quellwasser in die Flüsse und damit in den globalen Kreislauf zurück. Die Gemeinschaften haben jetzt sauberes und energiereiches Trinkwasser. An den Ufern solcher Wasserlandschaften entsteht eine neue Permakultur mit einer Vielzahl natürlicher Nahrungsmittel wie Obstbäumen, Himbeeren, Rettichen und anderen regionalen Spezialitäten, ein reiches Biotop, das nicht extra begossen werden muß. Vor unseren Augen vollzieht sich eine wundersame Veränderung der Natur mit einer üppig wachsenden Tier- und Pflanzenwelt. Man lernt wieder zu sehen und zu verstehen, welche Lebenskräfte und welche Schönheit die Natur hervorbringt, wenn sie von uns unterstützt wird.

Viele ökologische und soziale Bewegungen unserer Zeit, z. B. die russische Anastasia-Bewegung, können an der Heilung der Erde mitarbeiten, wenn sie zwei Dinge entwickeln: ein soziales Konzept für Eros und Gemeinschaft – und ein ökologisches Konzept auf der Basis der Wasser-Retentionslandschaften und der Landschaftsheilung. Die neue Wasserwirtschaft dient vor allem der Landschaftsheilung und der Heilung der Wasserkreisläufe, so dass eine Neubesiedelung des Landes wieder möglich wird. Durch die historische Landflucht im Industriezeitalter entstanden riesige Massen brachliegenden Landes und unheilvolle Bevölkerungsexplosionen in den Metropolen. Dieser fatale Vorgang muss rückgängig gemacht werden, wenn die Menschheit überleben will. Viele Menschen müssen zurück aufs Land, denn dort steht bei intelligenter Bewirtschaftung alles zur Verfügung, was für ein gutes Leben gebraucht wird.

Dezentrale Regenwasserretention könnte ein Schlüssel sein für eine globale Umgestaltung der Erde. Sobald sich die Sache herumgesprochen hat, werden Tausende neuer Gruppen aufs Land ziehen, um dort ihre Subsistenzwirtschaften aufzubauen. Die biologische Rekultivierung von Trockengebieten (Negev, Portugal etc.) kann jetzt mit einer ganz anderen Effizienz betrieben werden – und mit einem weit geringeren technischen Aufwand. Es kommt zu einer spektakulären Wiederbegrünung verlassener Trockengebiete auf der Erde, da die Natur diese Heilungsprozesse mit aller Kraft unterstützt. Wasser und Nahrung stehen dann tatsächlich allen Menschen kostenlos zur Verfügung. Ärmere Länder könnten autarke Ernährungssysteme entwickeln und sich vom Despotismus der globalen Märkte befreien. Alle Gruppen, die im heutigen Großstadtleben keine Perspektive mehr finden, können sich aktiv an diesem Prozess beteiligen. In Portugal könnte bald ein interessantes Regional-Modell entstehen: „Tausend Seen für den Alentejo". Wenn so etwas real entsteht, wandeln sich auf der Stelle die politischen und wirtschaftlichen

Machtverhältnisse, denn das neue Modell zeigt, wie leicht es ist, aus der Umklammerung durch die alten Systeme und EU-Vorschriften auszusteigen. Damit sich so umfassende Umwälzungen in einem heilenden Sinn vollziehen können, müssen sie verbunden sein mit den sozialen und ethischen Bedingungen, die in diesem Manifest beschrieben worden sind.

Heilung der Liebe

Es kann in der Welt keinen Frieden geben, solange in der Liebe Krieg ist.

Die Liebe folgt ähnlichen Regeln wie das Wasser. Wo diese Regeln befolgt werden, entsteht Glück, wo sie übertreten werden, entsteht Gewalt. Die globale Gewalt ist eine Folge der Tatsache, dass durch Tausende von Jahren hindurch die Regeln der Liebe nicht mehr befolgt werden konnten.

Die derzeitige Menschheit kommt aus einer mehrtausendjährigen Kriegsgeschichte, die in uns allen ein kollektives Trauma hinterlassen hat. Nichts wurde darin so furchtbar verletzt wie die Liebe.

Liebe, die sinnliche wie die seelische, ist das globale Thema Nummer Eins. Sex ist eine Weltmacht. An zerstörter Liebe und sexueller Qual ist die Kulturepoche unserer Zeit gescheitert. Fast überall, wo einmal Liebe war, ist Hass und Gewalt entstanden. Die Demonstranten und die Polizisten, die sich heute weltweit gegenüberstehen, könnten Freunde sein. Die Bewohner des kolumbianischen Friedensdorfes San José und ihre paramilitärischen Feinde könnten Freunde sein. Palästinenser und Israelis, die Nachfolger von Ismael und Israel, könnten Freunde sein, wenn ihre Liebesnatur nicht durch irrsinnige religiöse und politische Erziehungsmaßnahmen zerstört worden wäre. Die männliche Menschheit ist mit den Geboten von Kirche, Staat und Wirtschaft gegen die Gebote der Liebe und der Sexualität vorgegangen. Wo die Gebote der Liebe durch Betrug und Gewalt verletzt werden, da entstehen Trennungsängste, Misstrauen, Eifersucht und Hass. Man kann nicht mehr lieben. Man verschließt sein Herz ein für allemal, man beginnt zu hassen, was man einst geliebt hat. Man kämpft gegen eine Welt, die man hätte umarmen können. Wer nicht mehr die Kraft der Liebe kennt, wählt die Macht der Zerstörung. So entstehen die Tsunamis der Gewalt, die seit Jahrtausenden die Erde heimsuchen. Die bestehende Zivilisation basiert weitgehend auf Wut und enttäuschter Liebe. Das ist keine unerlaubte Vereinfachung, sondern die tragische Grundlage einer fehlgelaufenen Epoche.

Die neuen Kraftfelder für eine heile Erde kommen aus der wiedergefundenen Freude der Menschen, wenn sie eine neue Form der Liebe und Solidarität gefunden und ihre Kinder eine stabile seelische Heimat gewonnen haben. Friedensarbeit in der äußeren Welt kann langfristig nur gelingen, wenn sie verbunden ist mit der Friedensarbeit im Inneren.

Versuchen wir also, neue Lebensmodelle aufzubauen, die auf Freude und erfüllter Liebe basieren. Modelle, wo der Eros tatsächlich mit Liebe verbunden ist, weil sich keine Lüge und keine Gemeinheit mehr hineinschleicht. Im Eros liegt ein Schlüssel zur Hölle oder ein Schlüssel zum Himmel. Wir sollten dieses Geschenk, das wir von der Schöpfung erhalten haben, nicht noch einmal verspielen. Der Globale Campus wird Retentionsräume für das Wasser aufbauen – und Retentionsräume für die Liebe.

Humane Sexualkultur

Eine angstfreie Kooperation mit den Naturwesen ist frei von Gewalt. Eine gewaltfreie Kooperation mit den Naturwesen ist frei von Angst. Ein gewaltfreies Verhältnis zur Natur verlangt, dass wir auch zu unseren eigenen Naturkräften in ein gesundes Verhältnis eintreten. Das gilt vor allem für das Thema der Sexualität. Bei allem Überblick, den wir über die inneren Antriebe unserer irdischen Existenz gewonnen haben, können wir mit Sicherheit folgende Sätze formulieren: Der historische Kampf des Mannes gegen das Weib war ein Kampf gegen seine eigene sexuelle Natur. Eine neue, humane Kultur kommt aus einem neuen Verhältnis der Geschlechter und aus einem neuen, ethisch und sozial verantwortlichen Einsatz unserer sexuellen Kräfte.

Ein sexuell befreiter, liebesfähiger und bewußter Mensch tötet kein Leben. Sobald das historische Trauma der sexuellen Unterdrückung und der Frauenunterdrückung aufgelöst ist, sind auch die Ursachen für ein unsägliches Leid der Kinder, der Völker und aller Mitgeschöpfe aufgelöst.

Solange wir unsere eigenen Elementarkräfte wie das sexuelle Verlangen verbergen und verdrehen müssen, verursachen wir energetische Störungen im System des Lebens. Es dient nicht der Heilung, die sexuelle Anziehung der Geschlechter zu unterdrücken und die eigene Sexualität zu verdrängen. Es dient auch nicht der Heilung, heimliche Beziehungen zu unterhalten und sie vor Partner oder Partnerin zu verleugnen. Es dient auch nicht der Heilung, im Namen einer falsch verstandenen freien Sexualität wahllose Polygamie oder gar Sex mit Kindern zu betreiben. Die Welt braucht eine neue, humane, auf Wahrheit und Vertrauen basierende Sexualkultur, die es den Beteiligten ermöglicht, sich wieder mit Freude zu begegnen. Und sie braucht ein erotisches Leben, das mit dem Geist der Heiligen Matrix fest verbunden ist und deshalb die TeilnehmerInnen von den chronischen Trennungsängsten befreit. Eine humane Sexualkultur basiert auf freier Sexualität. Damit ist keine ideologische Vorenscheidung gemeint zwischen Monogamie und Polygamie, sondern die Befreiung der Sexualität von allen Heucheleien und Gemeinheiten. Freie Sexualität und Partnerschaft schließen sich keinesfalls aus. Hier stehen wir vor der historischen Entwicklung eines wirklich neuen Liebesbildes. Die aufkommende planetarische Gesellschaft wird eine erotische Kultur entwickeln, wo die sexuelle Zuwendung eines Menschen zu einem anderen in einem Dritten keine Angst, keine Eifersucht und keinen Hass mehr hervorruft. (Vielleicht ist es in Tamera ein Stück weit gelungen, eine solche Existenzmöglichkeit sichtbar zu machen.)

Die globale Allianz des Lebens und die Kooperation mit allen Naturwesen
Heilende Informationsfelder werden aus einer neuen Kooperation mit allen Wesen der Natur hervorgehen. Dazu gehören materielle und immaterielle Wesen. Eine liebevolle Kooperation kann neben den herkömmlichen Wegen auch durch intensivere Maßnahmen gefördert werden, zum Beispiel durch den Aufbau eines Tier-Sanktuariums, durch spezielle Friedensgärten (Eike Braunroth), durch Steinsetzungen, Landschaftstempel, spirituelle Kraftplätze, Kristallmuster und technologische Einrichtungen für die Verstärkung und Verbreitung der neuen Felder. Wichtig ist dabei immer die Resonanz mit den Gedanken und Handlungen der Menschen. Hier wirken die Gedanken, die Sabine

Lichtenfels immer wieder in ihren Kursen zur „Urgeschichtlichen Utopie" formuliert: der innere Zusammenhang mit allen Lebewesen, die heilende Bedeutung von Schlangen, Kröten, Eulen und vielen anderen Tieren, die lebendigen Symbole im spirituellen und kosmischen Kraftsystem. Alle sind beteiligt an der großen kosmischen Partitur, alle beteiligen sich mit Begeisterung am Vorgang der globalen Heilung.

Viele Mitarbeiter in Tamera kamen aus helfenden Berufen. Aber in einem System, wo das Schlimme millionenfach an jedem Tag geschieht, ist jede Einzelhilfe wie ein Tropfen auf den heißen Stein. In Tamera hatten wir zum Beispiel ein Problem mit verletzten und mißhandelten Hunden, die bei uns Schutz suchten. Wir halfen, so viel wir konnten, aber es war zu viel an tierischem Leiden, das da sichtbar wurde. Da reichen auch keine Gänge zu Behörden oder Tierschutzvereinen. Wir brauchen eine höhere Hilfe für alle Lebewesen, für Menschen genauso wie für Tiere. Die wird erreicht, indem wir ein neues, global wirksames Lebensmodell entwickeln, wo es die Grausamkeit gegenüber Mitgeschöpfen nicht mehr gibt, weil sich die neuen Informationsketten für ein gewaltfreies Leben manifestiert haben. Das ist der Grundgedanke.

Die Erde ist durchzogen von Wasseradern. Können wir mit dem Wasser kooperieren? Können wir es zum Bündnispartner für globale Friedensarbeit machen?

Die Weltmeere bedecken 70 Prozent der Erdoberfläche. Sie bergen eine unerschöpfliche Tierwelt. Können wir mit den Meeresbewohnern kooperieren? Können wir sie zum Bündnispartner für globale Friedensarbeit machen?

Die materielle Welt einschließlich unserer Atmosphäre mit ihren Wettervorgängen ist durchströmt von lebendigen Energien. Können wir mit ihnen kooperieren? Können wir sie zum Bündnispartner für globale Friedensarbeit machen?

Die Pflanzen und Bäume der Erde sind beseelte Wesen. Können wir mit ihnen kooperieren? Können wir sie zum Bündnispartner für globale Friedensarbeit machen? Das sogenannte Ungeziefer in unseren Gärten ist ein Teil der großen Lebensfamilie. Können wir mit Schnecken, Wühlmäusen, Blattläusen etc. kooperieren? Können wir sie zum Bündnispartner für globale Friedensarbeit machen? (Wir verweisen hier auf die erstaunlichen Erfahrungen in den Friedensgärten von Eike Braunroth.)

Auch Schlangen und Ratten gehören zur Heiligen Matrix. Sie waren über Jahrtausende Angstgespenster des Menschen. Können wir mit ihnen kooperieren? Können wir sie zum Bündnispartner für globale Friedensarbeit machen? (Durch die langjährigen Erfahrungen in Tamera können wir diese Frage eindeutig mit JA beantworten.)

Das ist gemeint, wenn wir von „Kooperation mit der Natur" sprechen. Es geht darum, die ganze Natur als Bündnispartner für die globale Heilungsarbeit zu gewinnen. Es mag wie science fiction klingen, aber es ist nicht nur science fiction, denn es ist im Bauplan der Schöpfung so angelegt. Alle Wesen der Erde sind Organe des Einen Leibes und Geist des Einen Geistes.

Theorie-Matrix des Projekts

Der Globale Campus steht im Zeichen eines planetarischen Systemwechsels von der Matrix der Gewalt zur Matrix der „Globalen Allianz" mit allen Wesen. Um die Welt von Gewalt und Krieg zu befreien, müssen wir einen globalen Schalter drehen. Es ist jener Schalter, der darüber entscheidet, ob aus der kosmischen Datenbank (der „impliziten Ordnung" des Universums) Hologramme von Angst und Gewalt oder Hologramme von Vertrauen und Kooperation heruntergeladen werden. In der kosmischen Datenbank sind beide Möglichkeiten enthalten, ebenso wie im genetischen Material des Menschen. Wir haben die Möglichkeit, aus den universellen Datenbanken die alten Informationen einer mehrtausendjährigen Kriegsgeschichte oder neue Informationen für eine heile Erde zu aktivieren. Wir tun dies mit jedem Gedanken und jeder Handlung des alltäglichen Lebens. Das menschliche Verhalten wird – wie wahrscheinlich das Verhalten aller anderen Dinge im Universum – durch unsichtbare Energie- und Informationsfelder gesteuert. Wenn es gelingt, in den zentralen Bereichen unserer Existenz die Energie- und Informationsfelder zu ändern, dann schicken wir neue Informationen ins biologische Internet und bewirken damit eine fundamentale Veränderung des Lebens auf unserem Planeten. Auf diesem Wege ist es ohne weiteres denkbar, dass eine planetarische Menschengesellschaft entsteht, deren Teilnehmer weder psychologisch noch physiologisch zu Gewalthandlungen disponiert sind, weil sie keine Steuerimpulse in dieser Richtung mehr empfangen. Sie leben in einem anderen Hologramm. Aus den vielen Möglichkeiten der kosmischen Datenbank hat sich die Welt der Heilung, der Solidarität und Liebe manifestiert. Es klingt wie ein Traum, ist aber machbare Realität.

„Was gedacht werden kann, kann auch gemacht werden." (Einstein) – Das sind in aller Kürze die theoretischen Grundlinien unserer Arbeit. (Sie sind mit Sicherheit noch nicht fertig, ihre Ausarbeitung findet sich in den Schriften von Dieter Duhm.)

Das theoretische Konzept hat sich in langer Forschungsarbeit entwickelt und bildet heute die Grundlage unserer Handlungen. Die Botschaft ist klar: Der Kampf zwischen den Kräften des Lebens und den Kräften der Zerstörung kann eindeutig für das Leben entschieden werden, wenn von uns die dafür nötigen ökologischen, sozialen und ethischen Entscheidungen getroffen werden. Die Verlierer von gestern können die Gewinner von morgen sein. Genau genommen aber wird es keine Verlierer mehr geben, wenn die Menschheit anfängt, ihre Grundlagen nicht mehr an Macht und Profit zu orientieren, sondern an den universellen Gesetzen des Lebens und an jener übergeordneten Struktur, die allen Dingen im Universum innewohnt: wir nennen sie die „Heilige Matrix". Die „global player" der neuen Zeit denken nicht an Vergeltung und Rache, denn sie arbeiten in ihren Zentren und an sich selbst am Aufbau eines strukturellen Friedens. „Grace" ist ihr Kennwort. Es geht nicht nur darum, Gewalt und Krieg zu beenden, sondern auch die Bedingungen zu verändern, durch welche die Gewalt immer neu erzeugt wird. Zu diesen Bedingungen gehört vor allem die Angst, die allen Unrechtssystemen zugrundeliegt.

Eduar Lanchero ist ein Sprecher der bekannten Friedensgemeinschaft San José de Apartado in Kolumbien, wo in den letzten Jahren fast 200 Mitglieder von Militärs, Paramilitärs und der Guerilla ermordet worden sind. Auf einem Treffen des Globalen Campus sagte er: *„Die bewaffneten Gruppen sind nicht die einzigen, die töten. Es ist die ganze Logik hinter dem System. Die Art, wie die Menschen leben, erzeugt diesen Tod. Deshalb entschieden wir, dass wir so leben müssen, dass unser Leben Leben erzeugt. Eine grundlegende Bedingung, die uns am Leben hielt, war, nicht das Spiel der*

Angst mitzuspielen, das uns die bewaffneten Gruppen durch ihre Morde aufzwingen wollten. Wir haben eine Wahl getroffen. Unsere Wahl ist das Leben. Das Leben korrigiert und leitet uns."

Es gehört zum System des Globalen Campus, derartige Friedensgemeinschaften mit allen Kräften zu unterstützen durch Freundschaft, Kooperation und konkrete menschliche und technische Hilfe. *„Die Angst muß von der Erde verschwinden,"* sagte Michail Gorbatschow. Mit allen wissenschaftlichen, technischen, sozialen und geistigen Mitteln versuchen wir, dafür die richtigen Voraussetzungen zu schaffen.

Die globale Verbreitung

Aus der Theorie-Matrix ergibt sich ein neues Modell der globalen Verbreitung. Es besteht nicht in weltweiter Missionsarbeit und nicht in aufwendigen PR-Manövern, sondern in der Funktionslogik holistischer Systeme: Die Verbreitung geschieht gewissermaßen „von selbst", wenn die Arbeit den inneren Gesetzen der universellen Matrix entspricht. (Dies ist der Grund, warum sich das Projekt Tamera bis heute gegen alle Attacken erhalten konnte.) Sobald die ersten Modelle funktionieren, werden sie weltweit entstehen, denn ihre neuen Informationsfelder sind globale Felder, gespeichert in der kosmischen Datenbank und eingeschrieben in die genetische Matrix des irdischen Lebens. Wenn in einer Population die Kerninformationen von Vertrauen und Solidarität aktiviert sind, entsteht eine Umschaltung in allen Lebensbereichen. Es entsteht eine generelle Öffnung von Kanälen, die bisher durch Angst blockiert waren. Die Information breitet sich von selber aus, indem sie sich im biologischen Internet als „Holowelle" oder „Trägerwelle" auf alle anderen Teilnehmer überträgt. Mit diesem Konzept wird verständlich, warum durch lokale Handlungen globale Wirkungen erzielt werden können. Eine Entscheidung, die wir hier und jetzt treffen, kann an einem anderen Ort der Welt eine Kettenreaktion neuer Entscheidungen zur Folge haben. Hier wirken die Gesetze der Feldbildung in holistischen Systemen. Schon in wenigen Jahrzehnten dieses 21. Jahrhunderts werden unsere Kinder und Enkel die Gräuel der imperialistischen Kriegsgeschichte nur noch aus Schulbüchern kennen. Der Wandel vollzieht sich schnell, wir befinden uns kurz vor dem Siedepunkt einer planetarischen Revolution. Fiedensarbeit heute ist die aktive und bewußte Teilnahme an diesem globalen Vorgang.

Ein Schlusswort

Das Projekt mag manchen Lesern zunächst illusorisch erscheinen. Aber illusorisch erschien auch das drahtlose Internet. Es ist nur noch eine Wand von alten Denkgewohnheiten, die uns von den neuen Möglichkeiten trennt. Das Projekt beruht auf den Forschungen und Gemeinschaftserfahrungen, die wir in einem Zeitraum von 34 Jahren in einer wachsenden Gemeinschaft von heute 170 Teilnehmern in Deutschland und Portugal gemacht haben. Wir konnten feststellen, dass über allen Entwicklungen eine Führung lag, mit der wir auf immer neue Wege geführt wurden. Wir sind heute geneigt zu sagen: Dieses Projekt wurde eigentlich gar nicht von uns erfunden, sondern wir wurden dahin geschoben, es zu machen. Es entspricht einer neuen Richtung der Evolution, die sich heute überall vorbereitet. Die leitenden Kräfte sind Kräfte einer weltweiten Transformation, mit der sich die Grundformen der Heiligen Matrix auf der Erde manifestieren. Die Gruppen und

Projekte, die sich im heutigen Systemwechsel für das Leben entscheiden, kooperieren mit hohen Kräften und stehen deshalb unter hohem Schutz. Die Bewegung ist nicht mehr aufzuhalten. Hinter allen Turbulenzen bildet sich eine neue planetarische Gemeinschaft, die keine Gewalt mehr erlaubt. In ihrem Zentrum steht die wiedergefundene Einheit mit allem Lebendigen und die Solidarität mit aller Kreatur. Ganz im Zentrum ist das wiedergefundene Licht der Quelle, aus der wir alle kommen. Wir stehen an der Schwelle einer globalen Wandlung von ungeahntem Ausmaß.

DIE ERDE BRAUCHT EINE NEUE INFORMATION

Monika Alleweldt, 2013

„Wir müssen mit allen Möglichkeiten, die uns gegeben sind, den globalen Schmerz beenden."
Dieter Duhm

Der Menschheitstraum von einer Erde ohne Krieg und Gewalt muß nicht länger nur ein Traum bleiben. Er ist, so behaupten der Psychoanalytiker und Projektgründer Dr. Dieter Duhm und sein Team, ein realistisches Vorhaben. Sie entwickelten aus ihrer über 30-jährigen Erfahrung und Forschung am Aufbau von Zukunftsprojekten die sog. „Politische Theorie". Sie bildet die Basis für einen ungewöhnlichen Friedensplan, den sie in Grundzügen bereits in die Praxis umgesetzt haben. Nun steht das Projekt vor einer nächsten Verwirklichungsstufe. Dazu muss es einer größeren Öffentlichkeit bekannt gemacht werden. Es eilt. Der Notruf der Erde ist so unüberhörbar geworden, so absolut zwingend, dass jetzt das Wissen bekannt werden muss, wie wir unseren Planeten aus dem Würgegriff der Gewalt befreien können.

Für die meisten von uns liegt die Behauptung, dass in absehbarer Zeit Frieden sein könnte auf dieser kriegsgeschüttelten Erde, noch so weit außerhalb des Machbaren, dass man sie noch nicht einmal einer Überprüfung für wert hält. Doch man möge sich vor Augen halten: Noch vor wenigen Jahrzehnten hätte sich kaum jemand drahtloses Internet und Hubble-Teleskope im Weltraum vorstellen können. Heute wird bereits eine Besiedelung des Mars ernsthaft vorbereitet. Die Pläne beziehen sogar eine Umwandlung der Mars-Atmosphäre mit ein (terraforming). Mit der gleichen Intelligenz, mit der solche technischen Höchstleistungen erdacht und verwirklicht werden, kann die Menschheit natürlich auch die Fragestellung bearbeiten, wie Angst und Gewalt von der Erde verschwinden. Es ist eine Frage unseres Willens und unserer Ausrichtung. (Nebenbei: Wenn wir darauf keine Antwort finden, würde das Erden-Problem der Gewalt auf dem Mars sowieso nur seine fatale Fortsetzung finden.)

Neue Gedanken setzen neue Aktionspotentiale frei. Große Theorien sind Wegbereiter für große Revolutionen. Wie danken allen, die bereit sind, die Theorie Schritt für Schritt nachzuvollziehen. Wenn neue Gedanken in diesem Sinn ins Gespräch kommen, ist ein erster großer Schritt getan, damit der Plan gelingt. Das vorliegende Papier enthält hinführende Gedanken zur Politischen Theorie und dem daraus resultierenden Friedensplan. Für ein volles Verständnis der Theorie wird es erforderlich sein, weiterführende Literatur zu studieren. Eine entsprechende Liste dazu finden Sie am Ende des Buches.

Anteilnahme an der Welt

Die Politische Theorie wurde aus Anteilnahme geboren. Denkkraft und Herzkraft haben sich in ihr so verbunden, dass der Blick frei wird für eine wirksame Handlungsmöglichkeit und Hilfe. Anteilnahme an dem, was auf der Welt geschieht, ist ein Schlüssel für das Verständnis der Theorie. Gleichzeitig ist sie auch ein Schlüssel für die persönliche Heilung. Weltheilung und individuelle Heilung fallen hier zusammen.

In seinem Buch „Zukunft ohne Krieg" schreibt Dieter Duhm: *In vielen Regionen der Erde herrscht heute ein Leiden, welches wir uns nicht mehr vorstellen kön-*

nen. Wir haben keine Reaktionsmöglichkeit mehr, wenn wir hören, was sich Menschen gegenseitig antun, was sie Kindern antun, was sie ganzen Völkern antun, was sie Tieren antun. Das Grauenhafte ist zu grauenhaft, um in die Seele eingelassen zu werden. Man weiß, dass es in allen Kontinenten geschieht, aber man reagiert nicht mehr darauf; es ist zu einer abstrakten, formalen Größe geworden."

Eine kollektive Gewohnheit zu Abschirmung und Verdrängung hat sich ausgebreitet. Wir flüchten ins private Dasein und suchen keine globale Lösung mehr. Damit aber wäre das Ziel der Negativmächte erreicht, sie brauchen mit keinem Widerstand mehr zu rechnen, die „Brave New World" wäre endgültig etabliert, die Millionen von gefolterten, verstümmelten, versklavten, eingekerkerten, verhungernden und verdurstenden Lebewesen hätten den letzten Beistand verloren. Wenn wir das nicht wollen, müssen wir die Kraft und die Fähigkeit in uns bewahren, Anteil zu nehmen an der Welt, am Schicksal der Opfer und am Schicksal der Täter, ohne in Angst oder Resignation zu verfallen. Wir brauchen für die Arbeit an einer neuen Zukunft ein offenes Herz. Dazu müssen wir eine realistische Perspektive sehen, wie dieses globale Elend beendet werden könnte.

Neale Donald Walsch hat sinngemäß in seinem Buch „Gespräche mit Gott" geschrieben, dass es von dem Tag an, wo wir den Hunger auf der Erde wirklich beenden wollen, keinen Hunger mehr geben wird. „Ihr habt gewählt, es nicht zu tun." Es ist unsere Wahl, mit welchen Fragen wir uns täglich beschäftigen. Es ist unsere Wahl, für welches Ziel wir eintreten. In dem Moment, wo wir den Krieg auf der Erde wirklich beenden wollen, finden wir auch den Weg.

Zeitenwechsel

Wir befinden uns in einem Epochenwechsel von dem materiellen Zeitalter, in der das einzelne Ding oder das einzelne Ereignis im Vordergrund stand, hin zu einer Ära, in der das, was alle einzelnen Dinge und Ereignisse miteinander verbindet, also die Schwingung, die Frequenz, die Information, im Mittelpunkt unserer Betrachtung stehen wird. Nicht das Atom ist der Baustein der materiellen Welt, sondern die Information. Am Anfang war das Wort. Das menschliche Verhalten wird – wie wahrscheinlich alles im Universum – von unsichtbaren Energie- und Informationsfeldern gesteuert.

Die Erde mit ihren Gebirgen und Meeren, ihrer Pflanzenwelt, ihren Tieren, Menschen und Kulturen ist ein einheitlich schwingender Lebenskörper. Es gibt etwas, das in allem dasselbe ist. Wir können die Fließformen des Lebens überall studieren, in Bachläufen oder einer Baumrinde, einer Muschelschale oder am eigenen Leib. Alles ist aus derselben einen Schöpfung hervorgegangen, die in großen kosmischen Rhythmen schwingt und pulsiert, die unser Herz schlagen lässt, unsere Gedanken ordnet und alles beseelt. Es ist eine tiefe Ruheschwingung. Daher das Mantra: Aus der Ruhe kommt die Kraft. Die Sportler erleben sie, wenn sie in der „Zone" sind. Wer mit dieser Kraft verbunden ist, kann Berge versetzen.

Die Einheitlichkeit der Welt, die Zusammengehörigkeit aller Wesen wurde immer wieder von religiösen Mystikern erfahren und in ekstatischen Farben geschildert. Heute wird diese Einheit aus verschiedensten Denkrichtungen, von der Quantenphysik bis zur Holographie, in der nüchternen Sprache der Wissenschaft erfaßt. Unser Leib ist ein solcher einheitlicher Organismus, der sich aus den unterschiedlichsten Organen und

Zellen zusammensetzt und koordiniert wird von einer unsichtbaren „Zentrale". In jeder Sekunde finden in unseren Zellen Milliarden von hochpräzisen Molekülbewegungen statt, ohne daß wir auch nur einen Hauch unserer Aufmerksamkeit darauf verwenden müssten. Es lohnt sich, hier innezuhalten und dieses „Wunder" richtig zur Kenntnis zu nehmen. Es ist das selbstorganisierende Prinzip des Lebens, das wir hier an unserem irdischen, individuellen Leib studieren können. Und so, wie die verschiedenen Organe unseres Leibes ihre spezielle Aufgabe übernehmen, um ein funktionsfähiges Ganzes hervorzubringen, so hat auch die Menschheit ihre spezielle Aufgabe im Bauplan der Schöpfung. Sie kann auf Dauer nicht dagegen handeln.

Kooperationspartner werden für das Leben
Der Mensch hat durch die globale Kette von Angst und Gewalt, durch Kriege und Völkermorde, durch die Zerstörung der Natur und ihrer Lebewesen eine harte und destruktive Störfrequenz über der Erde verbreitet, die ihn zu einem gewissen Grad abschirmt von den selbstorganisierenden Informationsfeldern des Lebens. Die ursprüngliche Welt der Einheit ist heute schwer gestört und überlagert von dieser Störfrequenz. So wurde es möglich, dass die gesellschaftlichen Systeme den Steuerungsprinzipien von Profit, von Herrschaft und Ausbeutung folgen, obwohl diese so dermaßen eklatant gegen die Logik des Lebens und der Natur verstoßen. Die globalen Probleme unserer Zeit sind das Ergebnis dieser Kollision zwischen dem menschengemachten System des Kapitalismus und dem natürlichen System des Lebens.

In jedem Moment, mit jedem Gedanken, jedem Wort und jeder Handlung, entscheiden wir darüber, welche

Information wir in die Welt schicken, ob wir auf der Seite von Angst und Gewalt oder auf der Seite von Heilung und Vertrauen stehen. Es ist unsere Entscheidung. Peace Pilgrim hat gesagt: *„Sprich, denke und handle so, dass in dir Frieden entsteht."* Das ist eine neue Form des Friedensaktivismus. In jedem Moment, wo wir den „Schalter" in Richtung Vertrauen drehen können, öffnen wir dem globalen Leiden einen Ausweg. Alles ist ein Kontinuum. Das Leben braucht überall menschliche Kooperationspartner, die diese Logik erkennen. *„Wenn das Leben siegt, wird es keine Verlierer mehr geben."* Dieter Duhm

Überall auf der Welt wird an Lösungen gearbeitet für die Probleme unserer Zeit. Es gibt Lösungen, wie weltweit innerhalb weniger Jahre die Wasser-Situation geheilt und alle Lebewesen mit genügend Trinkwasser versorgt werden könnten. Es gibt Erfahrungen, wie der Grundwasserspiegel der Erde wieder angehoben werden könnte. Auch stark verschmutztes Wasser kann wieder gereinigt werden. Wo das Wasser-Problem gelöst werden kann, kommt auch eine praktikable Lösung des Welthungerproblems in Sicht. Es gibt Lösungen, wie durch lokale Maßnahmen der drohende Klima-Kollaps verhindert werden könnte. Es gibt Lösungen für die Frage einer globalen Energieversorgung ohne den Verbrauch von fossilen oder auch nachwachsenden Rohstoffen...

Diese Einzel-Informationen stehen jedoch zum großen Teil den Interessen der Globalisierung entgegen. Sie werden strukturell unterdrückt. So bleibt das Welt-Bewusstsein trotz der Vielzahl an Lösungen weiter geprägt von Mangel-Denken, von Vergeblichkeit und Ohnmacht. Wir brauchen den Zusammenschluß dieser Einzel-Informationen zu einer Gesamt-Information. Sie alle sind wie Puzzle-Stücke eines Bildes. Wenn wir diese Teile richtig zusammenfügen, erkennen wir das ganze Bild, den Menschheitstraum. Wenn es gelingt, dieses Bild an verschiedenen Orten der Erde konkret sichtbar zu machen, leuchtet es auf und verbreitet sich, – so unaufhaltsam, wie eine Idee, deren Zeit gekommen ist.

Bis dahin brauchen wir eine Allianz von intelligenten Menschen, um auf der Erde eine höhere Frequenz, einen Wärmestrom, eine Schwingung der Anteilnahme und Gemeinsamkeit zu verbreiten und über diese Trägerfrequenz die entsprechenden Inhalte zu vermitteln. Es muss gelingen, die harte Störfrequenz aufzuweichen. Herzenstöne müssen wieder hörbar werden, eine Perspektive erkennbar, die unserem Widerstand und Protest, unserer Kraft und Liebe eine neue Richtung geben könnte. Die Erde braucht eine neue Information. Dazu brauchen wir neben fachlicher und finanzieller Unterstützung, neben politischem und spirituellem Schutz, vor allem eines: ein globales Konzept.

Ein globales Friedenskonzept

„Man schafft niemals Veränderung, indem man das Bestehende bekämpft. Um etwas zu verändern, baut man neue Modelle, die das Alte überflüssig machen."
Buckminster Fuller

Dieter Duhm und sein Team entwickelten den Gedanken, eine zukünftige Friedensgesellschaft zunächst in einem Modell zu realisieren, – so, wie zum Beispiel in der Industrie zunächst die Prototypen gebaut werden, bevor ein Produkt in Serie geht. Die Prototypen sind in diesem Fall spezielle Forschungszentren, sog. Heilungsbiotope. In diesen Zentren werden entsprechende Einzel-Lösungen umgesetzt, miteinander verbunden und weiterentwickelt. Auf diesem Wege entsteht eine komplexe Gesamtinformation, das Bild einer globalen Friedenskultur. Die Politische Theorie begründet, warum nur wenige solcher Zentren auf der Erde genügen könnten, um global einen Umschlag zu bewirken von dem bisherigen System der Gewalt zu einer neuen Ära des Friedens.

Entsprechend sieht ihr Friedensplan vor, diese wenigen Modelle konkret aufzubauen. Ein erstes solches Modell, das Friedensforschungszentrum Tamera in Portugal, wurde von Dieter Duhm, Sabine Lichtenfels und anderen 1995 gegründet und hat heute etwa 170 MitarbeiterInnen. Hier entstehen ein „Institut für globale Friedensarbeit", ein „Politischer Ashram", eine Wasser-Retentionslandschaft, regionale Autarkie, Permakultur, das „Solarvillage", ein Tier-Sanktuarium, eine Kinderrepublik, eine freie Schule, eine internationale Ausbildungsplattform (Globaler Campus), ein Kunst- und Heilungszentrum, eine globale Liebesschule und anderes mehr. Gruppen in Israel-Palästina, Kolumbien, Mexiko und in anderen Ländern bereiten den Aufbau ähnlicher Modelle vor. Das Projekt ist eindeutig auf seinem Weg der Verwirklichung, aber es bleibt noch viel zu tun.

In seinem Buch „Zukunft ohne Krieg" schreibt Dieter Duhm: *„Entscheidend für den Erfolg solcher Friedensprojekte ist nicht, wie groß und stark sie sind (im Vergleich zu den bestehenden Gewaltapparaten), sondern wie umfassend und komplex sie sind, wie viele Elemente des Lebens sie auf gute Weise in sich zusammenfügen und vereinigen. In den Feldbildungen der Evolution gilt nicht das „Recht des Stärkeren", sondern der „Erfolg des Umfassenderen". Andernfalls hätte sich keine neue Entwicklung durchsetzen können, denn sie haben alle klein und* *unscheinbar begonnen".* Im Zentrum dieses Friedensplans steht eine neue Information, das Bild von einer realistischen Lebensmöglichkeit. Wir möchten die Macht eines solchen Bildes anhand eines Falles aufzeigen, über den der russische Heiler und Arzt Arkady Petrov in seinem Buch „Die Erschaffung der Welt. Teil 1" berichtet. (Wir bitten, sich nicht damit aufzuhalten, ob man an diese Art der Heilung glaubt oder nicht. Es geht uns auch nicht um die Arbeit bestimmter Ärzte oder Heiler. Das beschriebene Erlebnis möge viel mehr für sich selbst sprechen.)

Ein Heilungserlebnis

Als Denis A. nach einem schweren Autounfall ins Moskauer Krankenhaus eingeliefert wird, geben ihm die Ärzte kaum noch eine Überlebenschance. Arkady Petrov wird hinzugezogen. Er eilt mit zwei seiner jungen Assistentinnen in die Intensivstation. Die hellsichtig begabten Assistentinnen legen sich Augenbinden um und schauen medial auf den Schwerverletzten. Petrov berichtet:

„Das Bewusstsein von Denis ist fast vollständig erloschen. Es will den Schmerz nicht ertragen, es will nicht leben, es weiß nicht, wofür er leben soll. Für mich und meine Assistentinnen bedeutet das, Denis zunächst das Ziel der Existenz, seinen Lebenssinn zurückzugeben, damit er selbst um sein Leben kämpfen will. Wie kann man das aber machen? Die Mädchen sehen im Bewusstsein von Denis ein leuchtendes Bild: ein kleiner Säugling. Sie vergrößern das Bild. Vor kurzem hat Denis eine Tochter bekommen. Die Liebe zu ihr könnte das Ziel seines Lebens sein. Energetisch verstärken sie das Hologramm. Die Gehirnimpulse von Denis fangen an, sich langsam zu verstärken. Plötzlich beginnt Denis zu wei

*nen. Seltsam, wie ein Mensch, der sich im Koma befindet,
weinen kann."*

Ein außergewöhnlicher Heilungsprozess setzt ein. Die
Mädchen haben einen Sonderdienst eingerichtet und
den Schwerverletzten energetisch keine Minute allein
gelassen. Nach zwei Wochen öffnet Denis wieder seine
Augen. Er kann noch nicht sprechen, aber bestätigt
durch einen Händedruck, dass es ihm besser geht. Einige Zeit später ist er so weit wieder hergestellt, dass er
entlassen werden kann.

Aktivierung der Ur-Matrix

Die Heilung von Denis wurde ermöglicht durch ein
Bild in seiner Seele, für das er um sein Leben kämpfen
wollte. Es war ein Bild seiner Liebe. Durch dieses Bild
wurde der Lebenswille geweckt und ein Potential aktiviert, das große Selbstheilungskräfte freizusetzen vermag. Es war eine Information, die hier über Leben oder
Tod entschieden hat. Wir können diesen Vorgang übertragen vom Individuum auf die Menschheit und an-
nehmen, dass auch hier eine steuernde Information
oder, wie indigene Völker sagen, ein „Traum" im Zentrum steht und eine ähnlich große Bedeutung haben
könnte für die Weiterentwicklung von Mensch und
Erde.

Als die US-Amerikanerin Lynne Twist im ecuadoria-
nischen Urwald Vertreter der Achua traf, (zu diesem
Zeitpunkt einer der letzten unberührten Stämme des
Amazonas), baten die Indigenen sie eindringlich:
*„Wenn du uns helfen willst, komme nicht zu uns. Kehre
zurück in deine Welt und verändere den Traum eurer
Kultur. Der ist es, an dem wir zugrunde gehen."* Lynne
Twist kehrte zurück und gründete die Pachamama
Alliance, eine Organisation, mit der sie bis heute Hun-

derttausende von Menschen über die globalen Zusammenhänge aufklärt und Alternativen aufzeigt mit dem Ziel, den „Traum" des Kapitalismus zu verändern.

Heute entwickeln selbst Regierungen wie die (indigene) Regierung von Bolivien und Ecuador das Konzept eines anderen Traumes. Sie nennen es „Buen Vivir" oder „Vivir Bien". Das Konzept beruft sich auf indigene Traditionen und Wertvorstellungen. Allerdings existiert es bisher nur in geschriebener Form. Deswegen kann sich auch in Bolivien die Globalisierung weiter ausbreiten. (Wir wünschten, dass Bolivien sich dem Modell-Gedanken anschließt und den Aufbau eines Ortes unterstützt, an dem die Idee von „Vivir Bien" im konkreten Alltagsleben verwirklicht wird.)

Der russische Autor Wladimir Megre hat in seinen „Anastasia"-Büchern die Sehnsucht nach einem einfachen und beinahe religiösem Leben auf dem Lande so treffend dargestellt, dass Millionen von jungen Russen davon begeistert waren, ihre Arbeitsplätze in den Städten verließen und hinauszogen aufs Land. Sie begannen damit, entsprechende äußere Lebensbedingungen aufzubauen. Nun stehen die ersten von ihnen vor der Frage, wie sie auch die inneren Bedingungen so verändern können, dass Solidarität und Gemeinsamkeit ihr Zusammenleben bestimmt. Der holländische Soziologe, Politiker und Zukunftsforscher Fred Polak zeigte auf, dass ein positives Bild der Zukunft der wichtigste Faktor ist, der über den Aufstieg oder Fall von Zivilisationen entscheidet. (The Image of the Future, 1973, Fred Polak). Dies sind nur einige Beispiele für die Kraft und Bedeutung solcher Bilder. In unserem Zusammenhang lautet die zentrale Frage: Wie könnte ein Bild aussehen, das die ganze Menschheit begeistert? Für welches Bild würde die Menschheit um ihr Überleben kämpfen und um das Überleben des ganzen Planeten? Für welches Ziel würde sie alle Streitigkeiten hinter sich lassen, um es mit geeinten Kräften zu verwirklichen?

In der Logik der Politischen Theorie können wir sagen, dass, erstens, ein solches Bild nur dann das bestehende Bild ablösen kann, wenn es dieses vorherige Bild nicht einfach negiert, sondern auf höherer Ebene integriert. Zweitens, dass das neue Bild in sich widerspruchsfrei sein muß. Drittens muß es zumindest in ersten Ansätzen konkret verwirklicht existieren. Es muß funktionieren. Diese Verwirklichung muß beispielhaft in einigen Pilotprojekten weltweit geschehen, damit das Bild globale Gültigkeit erlangen kann.

Stellen Sie sich vor, es gäbe dieses heilende Bild, mit dem wir die „Urmatrix der Menschheit", das in ihr liegende kollektive Heilungspotential, aktivieren könnten. Die Menschheit begänne von heute auf morgen in Richtung Heilung zu arbeiten, anstatt in Richtung Zerstörung. Man wäre sich einig, zum Beispiel von nun an die weltweiten Rüstungsausgaben zu benutzen für die Rettung der Meere, für die Wiederbegrünung der Wüsten, für den Schutz aller Tiere, für den Aufbau moderner Subsistenzwirtschaften, für eine Energiegewinnung aus unerschöpflichen Energiequellen, für solar betriebene Fahrzeuge, für Schulen, in denen Anteilnahme und Liebe gelehrt wird, auch solche für die körperliche Liebe, für eine neue Religion ohne Strafe und Fegefeuer, welche den Menschen ermutigt, das Paradies auf Erden zu erschaffen anstatt es in den Himmel zu verlegen.

Die Erde wäre innerhalb kürzester Zeit vollkommen verwandelt. In jedem der oben genannten Bereiche ist das Wissen vorhanden oder könnte innerhalb kurzer Zeit vertieft und ausgearbeitet werden. Woran also liegt es, dass uns der Glaube fehlt, eine heile Erde verwirklichen zu können? In der Technik zweifelt der heutige Mensch nicht. Deswegen ist beinahe alles machbar. Wenn es aber um Frieden geht, um Übereinstimmung zwischen Menschen für ein gemeinsames Ziel, dann ist die Grenze des Denkbaren schnell erreicht. Warum hat der Mensch die heilende Information nicht schon längst gefunden?

Das kollektive Trauma

Dieter Duhm ist Soziologe und Psychoanalytiker und war einer der führenden Köpfe der Deutschen Linken zur Zeit der '68er-Studentenbewegung. Sein Buch „Angst im Kapitalismus" erschien 1972 und wurde ein Bestseller. Er verband darin sein psychoanalytisches Wissen über die Innenvorgänge des Menschen mit der Frage, wie eine globale Revolution im Äußeren gelingen könnte. Er beschrieb das „kollektive Trauma", eine tief im Unterbewußten jedes Menschen verwurzelte Angst, und stellte diese über den individuellen Deutungshorizont hinaus in einen historischen Zusammenhang. Durch die jahrtausendelange Geschichte der Gewalt durchzieht diese Angst die Menschheit wie ein unsichtbares Nervensystem.

Damit sich dieses Trauma nicht wiederholt, haben die Menschen ein ganzes Register von Abwehrstrategien entwickelt, die jedes Mal aktiviert werden, wenn sich jemand dem Angstpunkt nähert. Unser tägliches Leben, unsere Sachgespräche, unser Politikverständnis, unsere Liebesbeziehungen sind durchsetzt von diesem explosiven und irrationalen Abwehrverhalten.

An diesem irrationalen Verhalten zerbrechen die schönsten Utopien. Das unbewusste Trauma vermag eine große Liebe in einen nervenzerreibenden Dauerkrieg zu verwandeln. Eine ganze Welt geht heute daran zugrunde.

Eine der fatalsten Strategien ist es, die Angst auf ein geeignetes Objekt im Äußeren zu übertragen, anstatt sie in uns selbst aufzulösen. So werden Feindbilder geschaffen, die wir bekämpfen können. Das schafft kurzfristige Erleichterung, steigert langfristig aber unsere Angst ins Unermessliche. Unsere Angstprojektion ist es, weshalb uns unsere Umwelt, unsere Mitmenschen, bis hin zu unserem Liebespartner potentiell bedrohlich erscheinen. Das Trauma hat uns im Griff, wenn wir unser ganzes Leben an einer imaginären Strafinstanz ausrichten und uns an gesellschaftliche Bedingungen anpassen, die uns nicht gefallen, anstatt unsere Jugendträume zu verwirklichen.

Angst kommt von Enge und wirkt wie ein explosiver Bodensatz, der jederzeit als Wut, Hass, Eifersucht, Sadismus und nackte Gewalt ausbrechen kann. Krieg wohnt jedem Frieden heimlich inne, hat der Dichter Hermann Hesse einmal gesagt. Es ist das kollektive Trauma, das über Nacht brave Familienväter in KZ-Henker verwandelt. Es ist das kollektive Trauma, das uns zutiefst korrumpierbar macht. Wenn es im Inneren eines jeden Menschen diese unbewußte Dauerangst und infolgedessen latente Gewaltbereitschaft nicht gäbe, könnten niemals einige wenige Machthaber eine ganze Erdbevölkerung in den Untergang manövrieren. Wir verstehen jetzt, warum wir den Kampf gegen die imperialistische Macht im Äußeren immer verlieren werden, wenn wir nicht gleichzeitig auch den uns innewohnenden Stützpunkt dieser Macht auflösen. Deswegen konnte Dieter Duhm im '68er Ton sagen: *„Revolution ohne Emanzipation ist Konterrevolution".* Oder mit seinen heutigen Worten: *„Eine Revolution, die nicht im*

Inneren stattgefunden hat, kann auch im Äußeren nicht gelingen."

Die gesuchte neue Information liegt hinter den Mauern dieses Traumas. Deswegen war und ist es so schwierig, sie zu finden. Deswegen kann sie nicht einfach am Schreibtisch entstehen, sondern braucht Orte der Heilung, wo dieses Trauma von den ersten Menschen exemplarisch aufgelöst werden kann.

Die neue Information und der Aufbau revolutionärer Heilungszentren

„Das gesellschaftliche Sein bestimmt das Bewußtsein", hat Karl Marx gesagt. In dieser Hinsicht ist Dieter Duhm Marxist geblieben, wenn er sagt, dass die Auflösung des Traumas ein neues „gesellschaftliches Sein" erfordert. Damit löst er den Begriff der „Heilung" aus dem therapeutischen Kontext und stellt ihn ins Zentrum einer revolutionären Bewegung. Die gesuchte heilende Gesellschaft kann nicht durch Appelle, Gesetze, Reformen oder mit Parteiprogrammen verwirklicht werden. Durch solche Maßnahmen läßt sich das Trauma nicht heilen. Außerdem müssen die neuen Paradigmen ja auch erst gefunden und aufeinander abgestimmt werden.

Die Zentren werden von Menschen aufgebaut, die zur radikalen Selbstveränderung und Selbstoffenbarung bereit sind. Sie tun es nicht nur für sich, das könnte gar nicht gelingen. Sie tun es stellvertretend für die ganze Menschheit. Sie erforschen dasjenige Elixier, aus dem eine neue Welt hervorgeht: Vertrauen.

Vertrauen zwischen Mann und Frau, Erwachsenen und Kindern, Mensch und Natur, Individuum und Gemeinschaft. Wo dieses Vertrauen wiederhergestellt ist, entstehen die Kristallisationskerne einer neuen Zukunft. Alle Lebensbereiche werden in die Forschung miteinbezogen und aus dem Muster der Gewalt herausgelöst: von den äußeren Lebensgrundlagen wie Wasser, Nahrung und Energie bis zu den inneren Quellen von Kunst, Gemeinschaft, Religion und Eros. Das neue Bild kann nicht einfach beliebig erdacht und der Menschheit übergestülpt werden. Es ist vielmehr ein latenter Menschheitstraum, der hier wiederentdeckt werden möchte, so schön und urbekannt, dass kaum noch jemand wagt, an ihn zu glauben. Es ist der Traum von einer Welt ohne Krieg, in der die große Versöhnung stattgefunden hat zwischen allen, die sich einmal als Feinde gegenüber standen, Versöhnung zwischen Völkern und Religionen, zwischen Mann und Frau, zwischen Mensch und Natur.

Um an dieses Bild im Äußeren wieder zu glauben, müssen im Inneren des Menschen und im Inneren seiner Kultur drei Quellbereiche wieder miteinander verbunden werden: Religion, Natur und Eros. Unsere Liebe zur Religion, zum Ursprung, zum Licht, zur Welt des Geistes muß sich wiederverbinden können mit unserer Liebe zur Natur, zu all ihren kriechenden, grunzenden, watschelnden Wesen, zu ihren Blüten, Düften und Früchten, zu ihren Bächen und Meeren, ihren Tälern und Gebirgen. Und beide zusammen müssen sich wiederverbinden können mit unserer Liebe zum Menschen, vor allem aber mit unserer Liebe zum anderen Geschlecht, zum Mann und zur Frau, zum Fleisch, zur Lust, zur Wonne, zur Materie.

Wo diese drei Bereiche unserer Existenz wieder zur Deckung kommen dürfen, heilt das menschliche Herz, das so lange zerrissen war. Eine neue Humanität kann auferstehen, gereift durch die schmerzvolle Erfahrung einer langen Kriegsgeschichte, in die man selbst verwickelt war, aufgerichtet durch den wiedergefundenen Glauben an sich selbst, gestärkt durch das absolute und bedingungslose Nein gegenüber jeder Form der Gewalt. Jetzt sind wir am Quellpunkt angelangt, von dem aus sich eine Zukunft ohne Krieg entwickeln kann. Von nun an kann die Welt, die uns erschaffen hat, hineinleuchten in die Welt, die wir erschaffen, sich widerspiegeln in unseren Gedanken und Handlungen, unseren Gärten und Feldern, unserer Kultur und Technik, unseren Gesellschaften und Liebesbeziehungen. Von nun an stehen wir in Resonanz mit einer großen Kraft und Urgewalt. Von nun an „ziehen wir alle Informationen und Lehren zu uns heran, die wir brauchen, um unsere Gaben zum Wohle aller zu entfalten", wie Dhyani Iwahoo sagte. Von nun an stehen wir nicht länger im Bann von Horror und Krieg, sondern im Dienst der Wärme für alles, was Haut und Fell hat.

In seinem Buch „Zukunft ohne Krieg" schreibt Dieter Duhm: *„Das Hauptproblem liegt nicht in der Frage, ob die neuen Zentren global wirksam werden können, sondern ob wir in der Lage sind, sie real zu erschaffen. Gerade weil sie ein Teil des Ganzen sind, hängt auch die Last des Ganzen an ihnen. Gelingen können sie nur, wenn sie auf jenen „universellen Grund" gehen, den sie mit dem Ganzen gemeinsam haben.*

Dieser universelle Grund ist die unversehrbare Basis aller Menschen, ihre gemeinsame Quelle und Mitgift, ihr göttlicher Kern. Er zeigt sich in der Fähigkeit zur Wahrheit, zur Liebe und zur Anerkennung einer höheren Ordnung des Lebens. Die neuen Gemeinschaften beginnen global zu wirken, wenn sie im Gewebe der Menschheit diejenige Dimension gefunden haben, in der alle Erdbewohner miteinander und mit allen Geschöpfen des Lebens verbunden sind.

Auf dieser Grundlage konvergieren und vereinigen sich die Fragmente des Lebens, die so lange getrennt waren: Mann und Frau, Mensch und Mensch, Sexualität und Geist, Eros und Agape, Mensch und Natur, Mensch und Gott. Hier zeigt sich die unabweisbare spirituelle Dimension zukünftiger Heilungsarbeit. Heilung ist die Rückkehr aus der Verbannung, die Aufhebung des Urschmerzes, der in der Trennung bestand."

Eine Sendestation für den Frieden

Um diese Arbeit jetzt sinnvoll fortzusetzen, muss sie einer größeren Öffentlichkeit bekannt werden. „Die Erde braucht eine neue Information" heißt auf dieser ersten und naheliegendsten Ebene: Die Menschheit muss von diesem Vorhaben erfahren. Das Wissen für den Aufbau einer neuen Zukunft muss alle Menschen erreichen, die es suchen. Sie müssen erfahren, wie sie ihre materielle und psychische Not beseitigen und mitarbeiten können an einer Erde ohne Krieg. Dann hat sie eine Richtung gefunden, für die sich ein Überleben lohnt.

Eine Kooperation muss sich aufbauen zwischen denen, die Heilungsbiotope aufbauen, und denen, die weiterhin innerhalb der Gesellschaft arbeiten und die Zentren von außen unterstützen und schützen wollen. So entsteht ein neues Kommunikationsgewebe. Es schließt potentiell alle ein, denn es ist rein logisch an keiner Stelle nach außen abgegrenzt. Alle können teilhaben am Aufbau dieses gemeinsamen Traumes.

Wir stehen vor der Aufgabe, eine erste „Sendestation für den Frieden" im entstehenden Heilungsbiotop Tamera zu errichten, mit deren Hilfe das Bild eines neues Friedens weltweit kommuniziert werden soll. Diese Sendestation umfasst verschiedenste Unterabteilungen: Wir haben die „Schule Terra Nova" ins Leben gerufen, von der alle diejenigen, die in ihren Ländern Stützpunkte für diesen „Traum" aufbauen wollen, mit Informationen und Studienmaterial versorgt werden. Die Schule hat das umfassendste und schönste Curriculum, das man sich vorstellen kann. Es besteht aus den drei Fächern „Kooperation mit der Natur", „Liebe lernen" und „neues Denken".

Ihr Lehrstoff reicht von Bauanleitungen für Biogas-Anlagen, über neue Gedanken zu Liebe, Partnerschaft und Sexualität bis hin zu Studientexten über verschiedene Aspekte eines neuen Weltbildes. Die Unterrichtseinheiten sollen kostenlos, bzw. auf Spendenbasis über das Internet zur Verfügung gestellt werden. Der „Globale Campus" übernimmt die weiterführende praktische Ausbildung und begleitet vor allem diejenigen Gruppen, die weitere solcher Forschungszentren aufbauen wollen. Die Medienabteilung „GraceMedia" vermittelt die Ergebnisse und Grundgedanken in Form von Video-Clips, in Kurz- und Lehrfilmen. Die Gruppe „Politische Kunst" wird die gewünschte Zukunft in Abzeichen, Texttafeln, Poster, Bilder und Skulpturen abbilden. Der „Verlag Meiga" veröffentlicht Bücher und Studientexte zu den verschiedensten Themen. „Writers for Peace" ist eine Gruppe von JournalistInnen, welche die neuen Informationen über Blogs, Kommentare und Artikel verbreiten.

In Vorfreude auf die Zukunft.

II HEILUNG DER LIEBE

GEMEINSCHAFT ALS FORSCHUNGSTHEMA

Auszug aus Projekterklärung I

Dieter Duhm, 2005

Glück ist Geborgenheit in Größerem.
Die Erfüllung des Lebens hängt auch davon ab, welche
Antwort ich geben kann auf die Frage: Für was oder
wen tust du das? Wenn die Antwort in überzeugender
Weise auf etwas Größeres gerichtet ist als nur auf die
eigene Person, könnte ein erfülltes Leben in Aussicht
stehen. Persönliche Probleme brauchen eine höhere
Ordnungsebene, um gelöst werden zu können. Eine solche höhere Ordnungsebene ist die Gemeinschaft.
Gemeinschaft bedeutet Leben auf kommunitärer statt
privater Basis. Vielleicht ist dies einer der radikalsten
Paradigmenwechsel überhaupt: der geistige und moralische Wechsel von einer privaten Lebensführung zu
einer kommunitären. Nur so können die Schutz- und
Abwehrmechanismen, welche sich die Menschen unserer Zeit in ihrer isolierten Existenz angewöhnen
mussten, langfristig abgebaut werden. Das Projekt der
Heilungsbiotope hat in seiner 30-jährigen Entstehungs-
geschichte einige massive Schicksalsschläge erlitten.

Warum konnte die Gemeinschaft sie überstehen?
Weil sie ein tragfähiges Energiefeld entwickelt hatte
für den menschlichen Zusammenhalt. Die Teilnehmer
waren bereits weit genug mit den Regeln kommunitärer
Lebensweise vertraut, um nicht in individuelle Resignation abzurutschen.

Gemeinschaft bedeutet, andere Menschen wirklich
kennenzulernen und zu sehen, wer sie wirklich sind.
Wir geraten nach und nach in jene menschliche Welt,
die hinter unseren Filmen und Fassaden liegt. Hier

wirken die echten Begegnungen von Zentrum zu Zentrum, von Wahrheit zu Wahrheit, aus denen das echte Vertrauen hervorgeht. Vertrauen ist die ursprünglichste und wirksamste aller Heilkräfte. Die allererste Aufgabe einer Gemeinschaft ist deshalb die Herstellung von Vertrauen unter den Teilnehmern. Ahnt man, was das bedeutet? Weiß man, wie viele Keile in der patriarchalen Geschichtsepoche zwischen die Menschen getrieben worden sind: zwischen Mann und Frau, zwischen Eltern und Kinder, zwischen jung und alt, zwischen Völker und Kulturen? Die Aufgabe, das verlorene Urvertrauen wieder herzustellen, ist gleichbedeutend mit der Aufgabe, im genetischen Code der Menschen ganz neue Informationsketten zu aktivieren. Alte Verhaltensmuster müssen verlassen und durch neue ersetzt werden. Es ist ein Lernvorgang ohnegleichen. Aber hat Elisabeth Kübler-Ross nicht recht, wenn sie sagt, dass alle Lernprozesse im Leben letztlich darauf hinauslaufen, die Liebe zu lernen? Und sollten wir das nicht können?

Vergrößern wir einmal unseren Abstand zu dieser Frage. Die Menschheit hat Raumstationen im All gebaut, selbstlenkende Geschosse erfunden, den genetischen Code entschlüsselt und mit Nano-Kanonen auf Krebszellen geschossen – sollte sie nicht auch in der Lage sein, mit gleichem Einsatz und gleicher Beharrlichkeit ihre inneren Themen zu lösen?

ES WIRD AUF DER ERDE KEINEN FRIEDEN GEBEN, SOLANGE IN DER LIEBE KRIEG IST

Manifest zur Gründung der Globalen Liebesschule

Sabine Lichtenfels, 2013

Liebe und Sexualität sind ein Politikum. Davor verschließen wir nicht mehr die Augen.

Liebe ist mehr als ein Gefühl, sie braucht soziale Gefäße, wo sie gelebt und verwirklicht werden kann.

Sie braucht eine Ethik, in der wir wahr werden können. Unabhängig von der Frage, wie unser persönliches Leben gerade aussieht, ob wir allein oder in Gemeinschaft leben, ob wir zölibatär oder verheiratet, monogam oder polygam sind: Gemeinsam arbeiten wir an einer Perspektive für unsere Kinder und die Generationen, die nach uns kommen.

Wir brauchen Antworten im Liebesbereich, damit unsere Kinder uns wieder vertrauen können und eine Heimat finden. Wir brauchen Antworten, die die Lust und die Neugierde in uns und anderen wecken – und die stärker sind als die Angst, an den heißen Punkten in der Liebe noch einmal verletzt zu werden.

Freier Eros und Partnerschaft schließen sich nicht aus, im Gegenteil, sie ergänzen einander.

Wahrheit in der Liebe ist die Basis für jede dauerhafte Liebesbeziehung.

Die Frage, ob wir monogam leben wollen oder polygam, heterosexuell oder homosexuell, entscheidet sich auf dem Grund unserer inneren Wahrheit.

Es ist kein Widerspruch, sich nach einem Partner zu sehnen und gleichzeitig nach erotischen Abenteuern. Zum Betrug wird es nur, wenn wir es vor unseren Partnern verschweigen!

Es gibt eine Treue, in der die Zuwendung des Liebespartners zu einem Dritten in uns keine Verlustangst mehr auslöst, sondern Freude und Zuwachs an Eros und Vertrauen.

Mit dieser Erfahrung werden wir eines Tages aufwachen und sagen: Unser Abenteuer ist nicht mehr der Krieg, sondern die Liebe.

Der Eros ist eine heilige Quelle des Lebens und der Liebe geworden.

Die Sexualität hat ihren Anker wieder in der universellen Ordnung des Lebens.

Sie ist uns heilig, so heilig wie das Leben selbst.

Aus der Verbindung von Eros und Religion geht eine erotische Kultur hervor, in der Kriege undenkbar werden.

Wir sehen die Möglichkeit, den Geschlechterkampf zu beenden und damit vollkommen neue Formen des Zusammenlebens und neue sozialen Strukturen einzuleiten.

Die Liebe ist die wichtigste Keimkraft für eine neue Friedenskultur – eine Kultur, die nicht auf Verzicht basiert, sondern die Fülle des Lebens bejaht.

Hier liegt ein Ausweg aus der Sackgasse unserer Zeit, der immer deutlicher sichtbar wird: hin zu einer Kultur der Partnerschaft zwischen Mann und Frau.

Keine Mutter wird mehr ihre Söhne in den Krieg schicken. Kein Vater wird mehr sein Leben hingeben müssen, um sein Land zu verteidigen.

Es wird keine Kriegsindustrie und keine Verteidigungsministerien mehr geben.

Die Militärbasen verwandeln sich in Friedensuniversitäten, in denen der Schutz für diesen Planten geübt und gelernt werden kann.

Liebe und Sexualität sind Basisfächer für jeden erwachenden Menschen, der ein verantwortliches Mitglied in dieser Kultur werden möchte.

Es entstehen LiebhaberInnen und GärtnerInnen einer neuen Erde – Terra Nova –, in der Eros und Dauer in der Liebe wieder eine Chance bekommen.

DIE BEDEUTUNG DER GLOBALEN LIEBESSCHULE

Freie Rede zur Eröffnung der globalen Liebesschule

Sabine Lichtenfels, 2013

Ein herzliches Willkommen an die planetarische Gemeinschaft. Diesen Tag habe ich lange erwartet: Der Anfang der globalen Liebesschule.

Immer, wenn ich öffentlich über Liebe und Sexualität spreche, ist mein ganzer Leib in Aufruhr. Ich fühle die Verbindung zur Größe und Tiefe des Themas. Ich fühle aber auch die Verbindung zu dem, was in diesem Moment mit so vielen Frauen und Männern auf der Welt geschieht, die an den Folgen falsch gelenkter, unterdrückter und fehlgeleiteter Liebe und Sexualität leiden. In Tamera versuchen wir herauszufinden, wie diese Wunden heilen können. Wir suchen nach Heilung nicht nur in unseren eigenen Herzen und eigenen Beziehungen, sondern exemplarisch für die Welt.

Liebe und Sexualität sind ein politisches Thema. Es gibt einen Notruf auf der Erde. Es ist der Notruf, den Krieg in der Liebe zu beenden. Denn Krieg in der Liebe ist der Untergrund, auf dem jede Gewalt, jeder Kampf unter Menschen und jeder Krieg seine Nahrung findet, sei es mit Worten, mit Gedanken oder schließlich mit Waffen. Die Antwort kann nicht privat, sondern nur gesellschaftlich gegeben werden.

Es ist noch gar nicht lange her, dass wir einen Brief von Freunden erhielten, die ansehen mussten, wie in ihrer Stadt auf offener Straße ein Mann seine Ehefrau erschlagen hat – aus Eifersucht.

Im vergangenen Winter kam es zu Aufständen in Indien – der Anlass war die Vergewaltigung und der Mord an einer jungen Frau in einem Bus. Alltäglich werden unzählbare Frauen und Mädchen vergewaltigt, doch dieser eine Fall sorgte für einen weltweiten Aufschrei. Unter uns sitzen Menschen, die sich an den darauffolgenden globalen Aktionen für ein Ende der Gewalt beteiligt haben.

Doch wie können wir die Gewalt tatsächlich beenden, nicht nur als Appell, sondern wirklich? Mit dieser Frage haben wir in der globalen Liebesschule zu tun, und ich bin froh, dass wir daran jetzt gemeinsam arbeiten können.

Heilung durch Information

Haben wir eine Antwort, an die wir wirklich glauben können? Welches sind Grundgedanken der globalen Liebesschule, die wir alle teilen?

Die TeilnehmerInnen der globalen Liebesschule stimmen darin überein, dass eine Veränderung auf der Erde notwendig ist. Sie erkennen, dass ein Grund für die Gewalt und die ungelösten Themen der Zivilisation in der falsch gelenkten, blockierten und unterdrückten Liebe und Sexualität liegt. Die TeilnehmerInnen der globalen Liebesschule erkennen, dass die Erde in diesem Bereich eine neue Information braucht. Denn sie wissen, dass Information zu Heilung führen kann.

In der globalen Liebesschule suchen wir nach Antworten, die über das Persönliche hinausgehen und global wirksam sind. Wir suchen nach Antworten, die überall wirken, in Indien, in Südamerika, in der westlichen Kultur und in den indigenen Kulturen. Gibt es etwas, das überall, kulturübergreifend falsch gelaufen ist und Heilung braucht – überall auf dem Planeten?

Hier möchte ich sehr vorsichtig sein. Ich habe Theologie studiert. Als junge Frau hörte ich, wie sehr die Kirche mit ihrer Missionsarbeit Leiden über die Welt gebracht hat, und war geschockt. Die Missionare haben ihre Gedanken oft nicht in Mitgefühl und Achtsamkeit verbreitet, sondern belehrend, respektlos und sind an Orten, wo sie nicht willkommen waren, auch mit Macht vorgegangen. Deshalb bin ich immer sehr wach bei der Frage: Was heißt es, global zu denken – und dabei nicht zu missionieren?

Es ist ein Kennzeichen der globalen Liebesschule, zuerst in die volle Wahrnehmung und Achtsamkeit zu gehen und in dieser Haltung zu fragen, was wirklich Heilung bringt. Wenn wir auf diese Weise die Fragen von Liebe und Sexualität berühren, dann geht die Frage auch an uns selbst: Wie weit sind wir bereit, auf uns zu schauen? Sind wir bereit, unsere eigenen persönlichen Fragen in die Forschung mit einzubeziehen? Sind wir bereit zu verstehen, dass unsere persönlichen Fragen nicht privat sind? Denn Erfahrungen, die wir als zutiefst persönlich wahrnehmen, werden von Menschen an anderen Orten ganz genauso gemacht. Schmerz, Verlassenheit und Verletzung in der Liebe prägen ein Feld, einen Untergrund, der oft im Unbewussten liegt, der aber in allen Menschen zu Gedanken und Handlungen führt, die unsere heutige Kriegsgesellschaft prägen. Und dennoch hält man sie im Allgemeinen für privat.

Deshalb ist es in der globalen Liebesschule wichtig, dass wir unsere persönlichen Fragen auf eine globale Ebene heben. Aber es ist ebenso wichtig, dass wir wissen und nicht verschweigen, dass wir nicht alle Antworten haben. Es kommt darauf an, dass wir bereit sind, die Fragen zu stellen und ihre Notwendigkeit zu sehen.

Wir wollen in der globalen Liebesschule an einer objektiven Ethik für die Liebe arbeiten, an einer Orientierung, die wir uns selbst und anderen geben können. Eine der ersten Richtlinien ist: Wir sind oft in den

Bereichen die besten Lehrer, die wir selbst am dringendsten lernen müssen. Deshalb ist es notwendig, dass wir wirklich in Kontakt mit uns selbst sind und nicht über unsere Schwachstellen hinweg gehen. Nur dann können wir Transparenz an den Orten erzeugen, wo wir leben und wirken. Dann können wir zum Beispiel Dinge sagen wie: Eifersucht gehört nicht zur Liebe. Das kann ich auch dann sagen, wenn ich selbst sehr eifersüchtig bin. Ich muss und soll das nicht verbergen. Ich muss nicht so tun, als wenn ich alles schon gelöst habe. Nein, ich kann voll und ganz sagen, ich bin eifersüchtig. Aber ich sehe, dass ich nicht im Zustand der Liebe bin, wenn ich eifersüchtig bin. Ich sehe, dass Eifersucht eine Krankheit ist – und ich möchte sie heilen.

Neue soziale Strukturen – Eifersucht gehört nicht zur Liebe

In der globalen Liebesschule geht es beim Thema Liebe und Sexualität nicht um persönliche Therapie, sondern darum, die geeigneten sozialen Strukturen zu finden, in denen Heilung geschehen kann. Denn es sind mehr die gesellschaftlichen Strukturen als unsere persönlichen Fehler und Unvollkommenheiten, die so viele Liebesgeschichten scheitern lassen.

Welche Formen des Zusammenlebens unterstützen die Liebe? Wie können wir leben, uns austauschen und zusammen sein, so dass es nicht mehr nötig ist zu lügen? Wie kann ein Leben aussehen, wo es keinen Vorteil mehr bringt, den Partner zu betrügen?

Man findet es heute ganz normal, in einer Liebesbeziehung nicht die Wahrheit zu sagen. Es gilt auch als normal, dass Menschen auf der ganzen Welt ihre sexuellen Regungen und ihr Begehren verstecken, weil sie sich schämen. Wie sieht ein soziales Miteinander aus, wo wir uns alle mit Freude sichtbar und transparent machen können – ohne Angst vor Verurteilung? Und wo wir uns gegenseitig dabei unterstützen können?

Das Thema der neuen gesellschaftlichen Strukturen zeigt uns einmal mehr sehr deutlich, dass die Heilung in der Liebe ein politisches Thema ist.

Wenn wir die Hoffnung sehen, die zum Beispiel unsere Wasserretentionslandschaft in Menschen auslöst – oder die Antworten, die hier in Tamera im Bereich der Technologie entwickelt werden, dann stellen wir fest: Wir müssen mit gleicher Kraft und gleicher Intensität Lösungen für das Liebesthema finden, damit die ökologischen und technologischen Modelle nicht an zwischenmenschlichen Konflikten zerbrechen. Um Wasserretentionslandschaften und dezentrale Energiesysteme zu errichten, brauchen wir auch das Wissen, wie die Gemeinschaften entstehen, die sie aufbauen und mit ihnen leben.

Eine Wasserretentionslandschaft bildet von selbst um sich herum ein Biotop. Verschiedenste Pflanzen und Tiere stellen sich ein, eine große biologische Vielfalt entsteht. Anhand dieser Vorgänge können wir das Leben selbst studieren und erkennen, dass wir selbst Teil der Natur sind. Wenn wir die Natur schützen wollen, können wir nicht das Thema der menschlichen Natur außen vor lassen. Wir schützen die äußere Natur am besten, indem wir unsere innere Natur erkennen, achten und humanisieren. Auch unsere Wildnatur, so dass sie nicht zerstörerisch wirkt, sondern helfend und pflegend eingreift.

Wir können durch die Kommunikation mit der Natur lernen – vom Wasser, von den Pflanzen und Tieren – auch für unsere Entwicklung in der Liebe.

Treue und Freiheit in der Liebe

In der heutigen Gesellschaft sind Liebe und Sexualität so organisiert, dass sie innerhalb der Partnerschaft erlaubt sind. Wenn du es aber außerhalb tust, betrügst du deinen Partner. Warum eigentlich?

Können wir nicht über ein Zusammenleben nachdenken, wo ich in voller Treue zu meinem Partner stehe und dennoch erotische Abenteuer eingehen kann? Könnte das nicht normal sein in einer gesunden Gesellschaft, so dass wir nicht fürchten müssen, unseren Partner zu verlieren oder glauben, ihn verlassen zu müssen, wenn wir jemand anderes lieben und begehren?

Liz Taylor sagte in einem Fernsehinterview: Wenn er zu einer anderen geht, bringe ich ihn um. Und die Zuschauer empfanden dies als Beweis für wirkliche und leidenschaftliche Liebe. Was für ein Wahnsinn! Die Leitbilder unserer Erziehung und aus den Medien haben uns so konditioniert, dass wir glauben, leidenschaftlich ausgedrückte Eifersucht sei ein Ausdruck von Liebe.

Könnte da nicht ein ganz anderes Bild entstehen? Wenn mein Partner mir mitteilt, dass er sich von einer anderen Frau angezogen fühlt – kann das nicht ein Zeichen dafür sein, wie intensiv und gut unsere Partnerschaft ist? Ist es nicht ein Zeichen dafür, wie sehr er mir vertraut, wenn er nach Hause kommt und mir sagt: „Oh, es war so schön." Und ich sage: „Das freut mich sehr." Denn dadurch kann unsere Beziehung wachsen. Das Vertrauen vertieft sich, wenn wir wissen, dass wir uns die Wahrheit sagen können.

An der globalen Liebesschule teilzunehmen bedeutet, gemeinsam an Lösungen zu arbeiten. Auf dem Hintergrund dieser gemeinsamen globalen Forschungsarbeit kann ich herausfinden, wie ich persönlich leben will: als Mönch, in einer Ehe, monogam oder mit vielen Liebespartnern. Egal, welche Lebensform wir wählen oder welches Versprechen wir uns gegenseitig geben: Es soll unsere Liebe schützen und die Wahrheit nicht verleugnen. Wir können durchaus als Partner beschließen, monogam zu leben. Das kann sehr unterstützend sein auf unserem Weg. Aber wir sollten uns dennoch immer daran erinnern, dass man einen anderen Menschen nicht besitzen kann. Es gibt keinen Rechtsanspruch in der Liebe.

Der Weg der Partnerschaft

Ist es möglich, dass wir zu etwas Liebe sagen, das in Wirklichkeit keine Liebe ist? Ist es möglich, dass wir immer wieder den gleichen schmerzhaften Weg gehen, weil wir einer Information folgen, die schon im Ansatz falsch ist?

Meistens läuft es doch so: Wenn wir uns neu verlieben, projizieren wir das Allerschönste auf unseren Partner. Er ist der Ein und Einzige, er wird für mich Sorge tragen, er ist mein persönlicher Gott – und umgekehrt, meine persönliche Göttin, meine Maria, meine Gespielin, die nur für mich da ist. Ich bete sie an, sie (oder er) ist meine Erfüllung immerdar. Aber im Kern gibt es etwas, über das wir uns nicht bewusst sind. Es ist der geschichtliche Schmerz in der Liebe, den wir einmal erlebt haben und nie mehr erleben wollen. Deshalb haben wir ihn tief in uns verborgen. Wir haben Verteidigungsmechanismen darum herum errichtet, wir wehren uns, werden aggressiv und wütend, wenn sich etwas oder jemand dieser Stelle nähert. Wenn diese irrationale Wut oder Angst uns im Griff hat, dann ist der Schmerzkörper erwacht. Wir haben vielleicht gehofft, durch unsere neue Liebe dem Schmerzkörper entronnen zu sein. Vielleicht werden wir eine Weile glücklich zusammen sein. Für einige Wochen, vielleicht auch für Monate sind wir in der Lage, dem anderen die Rolle des gewünschten Traumpartners vorzuspielen.

Aber schließlich ändert sich etwas. Kein Mann, keine Frau kann wirklich dauerhaft das sein, was wir auf ihn projizieren. Nach einer Weile taucht ein anderes Gesicht auf. Ein Gesicht, das wir kaum ertragen können. Die Fratze all dessen, was wir im anderen Geschlecht fürchten und unerträglich finden, steht vor uns. Und umgekehrt auch, wir tragen für unseren Partner diese Fratze.

Jetzt ist es wichtig zu wissen: Auch dieses andere Gesicht ist nicht das wahre Selbst. Es ist das Gesicht des Schmerzkörpers. In einer Paarbeziehung treffen sich die beiden Geschlechter früher oder später von Schmerzkörper zu Schmerzkörper. Hier beginnt das ganze Leiden, und oft endet es in einer Katastrophe.

Es kommt zu Situationen, wo wir jedes bessere Wissen vergessen und uns von dem unbewussten Vorgang in uns steuern lassen. Im Nachhinein schämen wir uns, wir entschuldigen uns tausendmal – und sind doch getrieben, in der nächsten Situation dasselbe wieder zu tun. Das ist der Dauerkrieg in der Liebe. Es geht hier nicht um Schuld. Niemand kann für unbewusste Vorgänge schuldig erklärt werden. Es geht um Erkenntnis. Wir sollten dankbar sein für jeden Krieg, den wir an uns selbst erkannt haben, statt uns dafür zu schämen. Da, wo wir etwas erkannt haben, können wir beginnen damit, die Verantwortung anzunehmen und die Vorgänge selbst zu lenken.

Wirkliche Partnerschaft führt uns durch die Hölle unserer Schmerzkörper hindurch. Wenn wir herausfin-

den, was Liebe wirklich ist, dann können wir hindurch-
gehen und eine tiefere Ebene der Treue finden. Und
dann wird der Weg der Partnerschaft zu einem Pfad
der Erleuchtung. Und dann kommen wir zu der Frage:
Wie finden wir eine Treue zueinander, in der wir nicht
verschweigen müssen, wenn wir jemand anderen lieben
oder begehren? Wie sieht ein Zusammenleben aus, in
dem die Zuwendung eines Menschen zu einem anderen
in einem Dritten nicht dieses Maß an Angst, Wut oder
Eifersucht auslöst? Wie kann eine Gemeinschaft die
Liebespaare so unterstützen, dass die Liebe Dauer be-
kommt? Wenn wir das Bild einer heilen Gemeinschaft
wirklich vor uns sehen, nähren wir eine Heilungsinfor-
mation, die weit über uns hinausgeht.

**Biologische Wahrheit – die Logik der sexuellen Anzie-
hung**
Die Verknüpfung von Liebe und Sexualität in unserer
Gesellschaft führt oft zu Missverständnissen. Die bestehende Gesellschaft sagt, sie sollen immer zusammenge-
hören: Wenn ich jemanden am meisten liebe, heißt das,
dass ich ihn oder sie auch am meisten sexuell begehre.

Am Anfang einer Liebesbeziehung ist das auch
meistens so. Da gibt es oft eine große Leidenschaft.
Doch wenn es sich nach einer Weile verändert, dann
gilt das als Katastrophe. Jedenfalls so lange, wie wir
nicht wirklich durchdacht haben: Was ist die Logik der
Liebe? Und was ist die Logik der sexuellen Anziehung?

In alten Stammeskulturen war es normal, eine Beziehung aufzubauen, gemeinsam Kinder zu haben, ein
ganzes Leben lang in voller Treue zusammen zu bleiben –
und gleichzeitig Sexualität mit anderen zu erleben. Die
Sexualität selbst war heilig, war ein Gottesdienst, eine
Zelebration – und nicht gebunden an Beziehungen. Es

ist essentiell, heute wieder ein heiles Bild für ein Zusammenleben zu finden, in dem wir unsere biologische Wahrheit nicht mehr verbergen müssen.

Ich vergleiche gern die Heilung des Wassers und die Heilung der Liebe und Sexualität. Wilhelm Reich sagte: Nicht der Fluss, der über die Ufer tritt, ist gewalttätig, sondern die Mauern, die ihn in ein zu enges Bett gesperrt haben. So ist es auch mit Liebe und Sexualität. Wenn wir sie in ein zu enges Gefäß sperren, können sie sich nicht in heilender Weise entfalten. Der Versuch, sexuelle Anziehung zu unterdrücken, kann nicht gelingen. So wird ihre Kraft zerstörerisch und gewalttätig. Wie das Wasser wollen diese elementaren Kräfte frei fließen. In dieser Freiheit finden wir die ethischen Orientierungen, die unsere Partnerschaft unterstützen.

Das geschichtliche Trauma überwinden – Arbeit am Minenfeld der Geschlechterbeziehung
Wir forschen seit der Projektgründung 1978 an der Friedensarbeit in der Liebe. Heute, nach 35 Jahren, können wir immer noch nicht sagen, dass wir die Lösung haben und frei sind von jedem Liebeskummer, jeder Sexualangst. Aber wir arbeiten daran. In Tamera ist dafür eine tragfähige Basis der Solidarität unter den Menschen entstanden.

Manchmal wundern sich Gäste und Besucher, dass dies so lange dauert. Doch sie sollten wissen: Wer im Bereich von Liebe und Sexualität forscht, arbeitet an einem geschichtlichen Thema. Wir kommen aus einer langen patriarchalen Geschichte der Gewalt. Wir haben es mit Tausenden von Jahren des Schmerzes zu tun. Die Inquisition ist noch gar nicht lange vorbei. Wirkliches Vertrauen zwischen Frauen und Männern aufzubauen, ist Heilungsarbeit am kollektiven Schmerzkörper. In der globalen Liebesschule können wir wagen, in dieser Tiefe zu forschen. Wir arbeiten an der Vision einer neuen Gesellschaft der Partnerschaft, wo der männliche und der weibliche Teil im Gleichgewicht sind und wo wirkliches Vertrauen unter den Geschlechtern entsteht.

Ich empfinde mich selbst als sehr glücklich. Ich lebe seit 1978 in Gemeinschaft. Meine Kinder wuchsen in der Gemeinschaft auf. Ich habe seit mehr als 30 Jahren eine Partnerschaft, in der wir uns mit der Eifersucht auseinandergesetzt haben und in der sie keine Macht mehr hat. Mein Partner kann zu jeder Frau gehen, zu der er gehen möchte. Ich kann andere Männer treffen. Ich kann sagen, ich führe ein erfülltes Leben. Auf einer Ebene bin ich sehr stolz.

Auf der anderen Seite sind wir immer noch auf dem Weg der Neuentdeckung. Wir berühren wie alle Paare, die den langen und tiefen Weg der Wahrheit miteinander gehen, eine Ebene, auf der es immer noch Unausgesprochenes gibt. Es gibt immer noch Bereiche, in denen das Unbewusste regiert, in denen auf einmal Wut und Angst dominieren. Woher kommt das?

Wir nennen diese Ebene das Minenfeld: ein Bereich, wo eine unachtsame Bemerkung eine unvorhergesehene, heftige Emotion beim anderen auslösen kann. Man lernt im Zusammenleben die Minenfelder des anderen kennen und vermeiden. Bestimmte Themen sind dann tabu, um sich die emotionalen Explosionen zu ersparen. Das Minenfeld ist der traumatische Knoten zwischen den Geschlechtern. Es sind die Ergebnisse geschichtlicher Verletzungen, die Frau und Mann sich gegenseitig zugefügt haben. Dort wo sie nicht zueinander fanden, wo sie mit ihrer Liebe und ihrem Verlangen nicht beieinander landen konnten, geschahen Gewalt und Zerstörung, wurde Schmerz zugefügt, wurde Rückzug, Hass, Wut, Angst und erbitterter Kampf ausgelöst. Es war so schlimm, dass wir diese Stelle nie wieder berühren wollten. Wir schützten sie und bauten eine ganze Zivilisation der Verstellung darüber auf. Doch Paare, die einen langen Weg miteinander gehen, berühren diesen Knoten wieder. Auseinandersetzungen sind unvermeidlich. Die meisten Paare versuchen, ihre Konflikte unter vier Augen zu lösen. Tapfer versuchen sie, etwas zu lösen, ohne zu erkennen, dass es die sozialen Bedingungen unserer Kultur sind, die eine Lösung so schwer machen. Entweder folgt hier die Trennung – oder sie einigen sich auf ein oberflächliches Zusammenleben, wo sie die heißen Stellen im Kontakt nicht mehr berühren. Doch damit berühren sie auch nicht mehr ihre Seele, ihren Wahrheitskern, und die Liebe geht verloren. Heimlich sieht man sich nach anderen Gelegenheiten um.

Wir wollen diesen Knoten auflösen. In der Welt, in uns selbst und in unseren persönlichen Liebesbeziehungen. Und das ist Arbeit.

Krieg wird vor allem durch unser Unbewusstes, durch die verdrängten Teile in uns geführt. Heilungsarbeit ist Bewusstseinsarbeit. Wo Bewusstsein ist, kann es keinen Krieg geben.

Die Liebesschule ist herausgefordert, Methoden zu entwickeln, mit denen wir Zeuge unserer verborgenen Gefühle werden können, durch die wir eine Sprache für sie finden und sie immer sichtbarer und verständlicher machen, in uns und unter uns.

Lasst uns in der globalen Liebesschule die Themen anschauen, die noch nicht gelöst sind. Die Welt braucht Orte, an denen die Forschung in der Liebe und der Sexualität in dieser Tiefe geschehen kann. Tamera möchte Antworten im ökologischen und technologischen Bereich erarbeiten – und eben auch für die Liebe. Für eine Evolution und eine Revolution im Eros, für Transformation und Heilung in der Liebe.

Ich bin sehr dankbar für die junge Generation, die in Tamera studiert und auf einer sehr tiefen Ebene eine Entscheidung getroffen hat, die Schule Terra Nova aufzubauen. Es ist für mich ein notwendiger Schritt, eine Ausbildungsplattform aufzubauen, wo Menschen in allen Teilen der Erde die gleichen Themen studieren, wo sie ihre Fragen vertiefen und sich austauschen, so dass sie die Fragen und immer klarer auch die Antworten und Lösungen sehen.

Danke für die Schule Terra Nova. Die Globale Liebesschule ist ein Teil dieser Ausbildung.

Die Polarität der Geschlechter

Mann und Frau sind die beiden Hälften der Menschheit. Sie sind polare Kräfte. Wie können wir ihre Polarität so aufbauen, dass eine positive Spannung zwischen ihnen entsteht? Was bringt die Geschlechter ins Gleichgewicht? Das ist eine Kern-Forschungsfrage der globalen Liebesschule. Deshalb stellen wir aufs Neue die Frage: Was bedeutet es, Frau zu sein, und was bedeutet es, Mann zu sein? Welche Fähigkeiten, Möglichkeiten und Aufgaben sind damit verbunden?

Die Emanzipation der Frauen war ein erster geschichtlicher Schritt der Befreiung. Doch sie war auch sehr schmerzhaft, besonders für die Frauen selbst. Denn die Werte der Frauenbewegung entwickelten sich in einem gesellschaftlichen Umfeld, das immer noch patriarchal geprägt war. Die Forderung zur Gleichheit führte zum Vergleich mit dem Mann. Viele Frauen rieben sich an diesen Maßstäben auf. Was wirkliche weibliche Identität bedeutet, ist eine Forschungsfrage, die nicht so schnell beantwortet werden konnte. Die Frauenemanzipation, die wir heute brauchen, ist nicht gegen die Männer gerichtet und nicht gegen unsere Liebe zu den Männern. Aber sie verlässt entschlossen diejenigen männlichen Strukturen, die zu so viel Zerstörung auf dem Planeten geführt haben.

Die Zukunft, die wir anstreben, ist weder patriarchal noch matriarchal. Es ist eine Kultur der Partnerschaft und des Vertrauens zwischen gleich starken Polen, Mann und Frau.

Das geht bis in den Bereich von Religion und Spiritualität. Das Göttliche ist beides: weiblich **und** männlich. Es gab in allen Urkulturen die Große Göttin; und es gab Götter und Göttinnen, die nach einem Gleichgewicht strebten. Das, was in allen Männern dasselbe ist, und das, was in allen Frauen dasselbe ist, wurde in ihnen verehrt. Doch das Gleichgewicht hat sich verschoben. Etwas pointiert könnte man sagen: Man hat dem Gott die Göttin geraubt. Das muss ganz schön einsam geworden sein im Himmel. Kein Wunder, dass er so unduldsam und strafend geworden ist. Im Pantheon der Zukunft braucht es wieder einen Platz für das Weibliche, damit Frieden auf Erden ist.

Wir leben in einer Zeit der Transformation. Wir sind Zeugen der Geburt eines neuen Zeitalters. Ich hoffe, dass wir gemeinsam Orientierungen und Visionen finden, um unsere Arbeit in Krisengebieten, wo Hilfe so sehr gebraucht wird, zu verbinden mit dem Gemeinschaftsaufbau dort, wo wir leben, und der inneren Friedensarbeit in der Liebe.

Ich wünsche uns allen eine freudige, starke und tiefe Zeit.

HEILUNG DER LIEBE

Warum wir das Thema der Geschlechterliebe ins Zentrum
unseres Projekts stellen mußten

Dieter Duhm, 2013

Ich bin der Gründer eines Gemeinschaftsprojekts, das
heute Tamera heißt. Tamera ist ein Friedensforschungszentrum im südlichen Portugal. Das Projekt ist in der
Welt bekannt geworden durch die Konzepte für ökologische und soziale Erneuerungen und durch die globale Schule („Global Campus"), mit der die Gedanken
für eine neue Erde in der Welt verbreitet werden. Im
Zentrum unserer Forschungsarbeit standen von Anfang
an die Themen von Sexualität, Liebe und Partnerschaft.
Eine humane Kultur entsteht aus einem humanen Verhältnis der Geschlechter. Für diese Arbeit haben wir unter Leitung von Sabine Lichtenfels die „globale Liebesschule" gegründet. Im Folgenden will ich erklären,
warum wir das Thema von Sexualität und Liebe in das
Zentrum unserer Arbeit stellen mußten.

In den Nachrichten kam wieder eine von diesen
schrecklichen Geschichten im deutschen Alltagsleben:
Ein freundlicher Mann, der bisher unauffällig gelebt
hat, hat während der Abwesenheit seiner Frau seine
drei kleinen Kinder und anschließend sich selbst umgebracht.

Ein Einzelfall?

Und die vielen anderen Fälle? Das tägliche Drama
mißglückter Liebesbeziehungen und Ehen, die Verzweiflung der Partner, das Leiden der Kinder, die stei-
gende Wut und die folgende Explosion: Rache, Gewalt, Krieg. Das Thema der gescheiterten Liebe, der
Trennungsangst, der Eifersucht und der Verzweiflung

ist nicht nur ein privates Thema, sondern ein menschheitliches. Das Drama der Menschheit ist zum großen Teil das Drama der unerfüllten Liebe. Wieviele Morde gehen auf das Konto enttäuschter Liebe? Wieviele Frauen werden erschlagen, weil Männer sich von ihnen nicht akzeptiert fühlen? Wieviel Kinderleid, wieviel trostlose Verlasseneit wird täglich neu erzeugt in einer Gesellschaft, die ihr Liebesthema und ihr sexuelles Thema nicht gelöst hat? Wenn wir einmal die Augen geöffnet haben für den Schmerz der Welt, finden wir keinen leichten Trost – und doch gibt es eine globale Heilung.

Im seelischen Zentrum der menschlichen Welt steht das Verhältnis der beiden Geschlechter Mann und Frau, denn Mann und Frau sind die beiden Hälften des Menschen, sie sind seelisch und leiblich aufeinander angewiesen. Mann und Frau zeugen zusammen die Kinder. Dieser Zeugungsakt ist mit einer hohen physischen und psychischen Lust verbunden. Was für ein Geschenk aus dem Universum, dass die Fortpflanzung der Menschheit mit Lust und Freude verbunden ist! Die beiden Hälften müssen richtig zusammenkommen, damit das menschliche Leben gut funktionieren kann. Wenn sie nicht richtig zusammenkommen, wird es weiterhin die menschlichen Katastrophen geben, Katastrophen wie Krebs, Kinderpornografie, Sadismus, Hass, Gewalt und Krieg. Auch die Tierwelt leidet unter dem Schmerz der Menschen, denn die alltäglichen Massaker, die heute in Schlachthöfen oder Tierlabors an Tieren begangen werden, können nur geschehen, wenn die Menschen ihr Herz verschlossen haben.

Die unfassliche Gewalt, mit der heute weltweit gegen Menschen und Tiere vorgegangen wird, ist die Aktion verschlossener Herzen. Sie ist auch die Aktion von Banken, Logen und Konzernen, aber deren Pläne können nur durchgeführt werden von einer Gesellschaft, die an kollektivem Herzverschluß leidet.

Solange die beiden Hälften des Menschen nicht richtig zusammengekommen sind, besteht in der Seele ein inneres Unglück, das nicht durch Reichtum und Komfort gestillt werden kann. Es ist dieses Unglück der unerfüllten Liebe, welches gegen alle moralischen oder religiösen Appelle immer wieder das „Böse" produziert. Es sind unvorstellbare Dinge, die sich heute hinter den Kulissen der bürgerlichen Welt abspielen. Eheliche Vergewaltigungen, familiäre Tragödien, Eifersuchtsmorde und Kindesmißhandlungen sind an der Tagesordnung. Wie muss es in der Seele erwachsener Menschen aussehen, wenn sie ihre sexuellen Triebe durch Sex mit Kindern befriedigen müssen! Hier hilft keine moralische Empörung, hier hilft allein der Aufbau einer neuen Sexualkultur, die den Menschen die Freude zurückgibt, die sie in der liebesfeindlichen Welt verloren haben.

Im Verhältnis der beiden Geschlechter liegt das Mysterium der Liebe und der Sexualität. Die tiefste menschliche Sehnsucht ist die Sehnsucht nach dieser Liebe, nach der seelischen Liebe wie nach der sinnlichen, leiblichen. Was ist das für eine Glückseligkeit, mit der sich Mann und Frau beim ersten Mal umarmen – und was ist nach zehn Jahren davon übriggeblieben? Erfüllte Sexualität ist – wie erfüllte Religion – ein Fundament des menschlichen Glücks. Die Geschlechter haben sich jahrhundertelang gesucht und verfehlt. Und sie werden sich weiterhin suchen und verfehlen, bis eine Lösung gefunden ist.

Die Welt liegt im Liebeskummer. Die Heilung dieses Liebeskummers ist eine globale Hauptaufgabe unserer Zeit. Wir stehen vor einer neuen Stufe der Evolution.

Wenn der latente Geschlechterkrieg beendet ist, wird es keinen Krieg mehr geben auf der Erde.

Der globale Schmerz in der Liebe ist die Folge einer mehrtausendjährigen Kriegsgeschichte. Es ist die Folge einer Kette von unvorstellbaren Grausamkeiten, die im Namen patriarchaler Machtansprüche an Menschen, vor allem an Frauen begangen wurden. Wir alle tragen dieses kollektive Trauma als Erbgedächtnis in unseren Zellen; wir alle folgen den unbewußten Informationen von Angst und Gewalt. Die patriarchale Welt brauchte für den Aufbau ihrer Macht in Kirche und Staat die Unterdrückung der Sexualität und die Unterwerfung der Frau unter die Gebote männlicher Herrschaft. Der Gehorsam der Frau war eine Bedingung der männlichen Potenz. Sex und Macht wurden unlöslich verbunden. Frauen, die nicht gehorchten, wurden bestraft oder beseitigt wie Hypathia von Alexandria. Die männliche Gewalt gegen die Frau nahm in vielen Ländern unvorstellbare Formen an. Im Mittelalter erschien im Jahre 1487 der „Hexenhammer": ein Buch für die Tötung aller Frauen, die nicht für die Fortpflanzung gebraucht werden. Das Buch ist von zwei Mönchen geschrieben worden und war schon bald nach der Bibel das meistgelesene Buch in Deutschland. Man muss diese Nachricht einige Male hören, um sie glauben zu können. Folgerichtig wurden Frauen, die durch ihre Attraktivität oder ihren Eigenwillen und ihren Mut auffielen, als Hexe verleumdet und lebendig verbrannt. Lebendig verbrannt!

Wenn man das weltweite Leiden auf weiblicher Seite einmal wahrgenommen hat, wundert man sich, dass es überhaupt noch liebesfähige Frauen gibt. Das ist eine tiefe Geschichte, ich möchte mich an dieser Stelle beim weiblichen Geschlecht bedanken. In der weiblichen

Hälfte muß ein sehr stabiles und treues Herz wohnen, treu gegenüber der männlichen Hälfte, von der es einige Jahrtausende lang unterdrückt und geschlagen wurde. Was für ein Wahnsinn! Der Mensch hat die angeborene Quelle seiner Freude verstopft und dabei sich selbst zerstört. Generation für Generation, Jahrhundert für Jahrhundert hat er die falsche Propaganda weitergegeben, mit der das Fleisch verteufelt, Kinder gezüchtigt und Hexen verbrannt werden mussten. Was ursprünglich für die Liebe und die Freude da war, wurde geächtet und verfolgt. So begannen die Menschen, das zu hassen, was sie einst geliebt hatten. Noch heute leidet unsere Kultur an dieser Pervertierung der Werte. Nicht die Fleischeslust, sondern ihre Unterdrückung ist die Ursünde des Menschen. Man hat die Fleischeslust als Unzucht bezeichnet und mit grausamen Mitteln ausgetilgt. Seitdem war keine Wahrheit mehr möglich.

Die sexuelle Natur der Frau ist von Gott gegeben als eine Mitgift für ein freudvolles Leben auf der Erde. Die Fleischeslust ist die tiefste Lust, die uns für die Erkenntnis des Lebens gegeben worden ist. Aber welche Frau kann sich frei zu ihrer Natur, ihrer Sehnsucht und ihrem sexuellen Hunger bekennen? Und welcher Mann darf es wagen, von einer „sexuellen Natur" der Frau zu sprechen, ohne gleich als „Sexist" verleumdet zu werden? In jeder Frau lebt ein Teil jener Wildnatur, die durch die Ehe gezähmt werden sollte. Und jedem Mann begegnet in der Frau auch die Lilith, vor deren sexueller Macht er sich fürchtet. Die Wildnatur paßt nicht ins eheliche Gehäuse und auch nicht in die herkömmlichen Vorstellungen von Moral und Würde. Die pralle Ehefrau, die gehorsam an der Seite ihres Gatten lebt, befindet sich in einer heimlichen Dauerlüge der Verstellung. Der Mann spürt das, beobachtet sie und macht ihr tägliche Vorhaltungen. Die Kinder, die unter solchen Bedingungen zu wenig Liebe erhalten, fangen an zu lügen, zu klauen und zu prügeln – eine tragische Kette ohne Ende. Wir brauchen eine andere Ethik und eine andere Sexualkultur, um dem Ansturm sexueller Bilder und Energien gewachsen zu sein. Wenn wir weiterdenken, brauchen wir ein neues Verhältnis zur Wahrheit, zum Leben, zu allen Mitgeschöpfen, wir brauchen eine neue Zivilisation. Die soll durch das Konzept der globalen Heilungsbiotope eingeleitet werden.

Im Zentrum unserer Heilungsarbeit steht eine neue Beziehung der Geschlechter. Sie basiert auf Vertrauen und Solidarität. Damit sich die Geschlechter voreinander offenbaren können, brauchen sie ein Urvertrauen, welches in der patriarchalen Epoche kaum entstehen konnte. Wir brauchen neue Umgangsformen, neue soziale Strukturen und neue Vorstellungen von der Liebe, damit die alte Verzweiflung überwunden werden kann. Wir können die Erde vom Krieg befreien, wenn wir in der Lage sind, den Krieg in der Liebe zu beenden. Wir können die Erde von der Gewalt befreien, wenn wir in der Lage sind, die Gewalt in der Sexualität zu beenden – ohne unsere eigene Wildnatur zu unterdrücken! Die Leidenschaft darf bleiben. Wenn sie mit Vertrauen verbunden ist, führt sie nicht zu Gewalt, sondern zu temperamentvoller Zärtlichkeit. Es ist im Schöpfungsplan ganz wunderbar eingerichtet.

Es gibt im Inneren des Lebens etwas, das wir alle unendlich lieben. Wenn es der Menschheit gelingt, diesem Etwas Dauer zu geben, dann haben wir eine historische Glücksspur gewonnen. Die Weisheit des Ostens hat dafür einen schönen Merksatz formuliert: „Tao ist der Weg, den man nicht mehr verlassen kann. Der Weg, den man verlassen kann, ist nicht Tao." Wie wäre es, das Wort „Tao" zu ersetzen durch diese allertiefste erkennende Liebe? Und die ist immer auch leiblich gemeint, die erkennende Liebe geht durch den Leib und durch das Fleisch, denn „das Wort ward Fleisch, und es wohnte unter uns." Es ist geradezu phantastisch, wieviele Wahrheiten wir in der Bibel finden, wenn wir hinter die Verdrehungen blicken. Den Höhepunkt finden wir in der Geschichte vom Sündenfall, wo Adam den Apfel vom Baum der Erkenntnis aß und dann die sexuelle Freude entdeckte: „und Adam erkannte sein Weib." Im Hebräischen gibt es für Erkenntnis und Beischlaf dasselbe Wort! Sie wussten es!

Die Heilung der Liebe geschieht kaum durch das Vier-Augen-Gespräch zweier Partner, denn die sind zu sehr involviert in ihr Problem. Die Heilung ist ein Thema der inneren Neugeburt. Um ein liebesfähiger Mensch zu werden, müssen wir lernen, uns nicht mehr um uns selbst zu wickeln, sondern teilzunehmen an der Welt. Teilnahme ist ein Geheimnis der Liebe. Wir kommen damit unvermeidlich in einen ethischen Bereich. Teilnahme bedeutet Vertrauen, Auflösung der Angstschranken, Überwindung von Vorurteilen, Öffnung der Riegel, die wir vor unser Herz geschoben haben. Um liebesfähige Menschen zu werden, müssen wir ein Lebenssystem entwickeln, in dem das wirkliche Vertrauen unter Menschen entstehen und wachsen kann. Die neuen Zentren – wir nennen sie Heilungsbiotope – sind Gewächshäuser des Vertrauens. Das ist der entscheidende Punkt. Um unsere Kommunen von den sexuellen Unwahrheiten zu befreien, haben wir das Konzept der „freien Sexualität" entwickelt. Aber freie Liebe und freie Sexualität haben nur einen humanen Sinn unter Menschen, die einander vertrauen. Es ist das Vertrauen, welches die Herzen und die Leiber öffnet, den Körperpanzer auflöst und die Seele heilt. Wir arbeiten in Tamera an ökologischen und technologischen Themen, an Wasserheilung, Permakultur und umweltfreundlicher Energie, aber die wichtigste Arbeit ist die Herstellung von Vertrauen unter den Studenten, den Mitarbeitern und den Kindern.

Wir brauchen eine funktionierende Gemeinschaft, um diese Dinge tun zu können. Die Themen, die mit dem Bereich von Sex, Liebe und Partnerschaft verbunden sind, sind viel zu gewichtig, um von zwei Menschen allein getragen werden zu können. Es sind historische, menschheitliche Themen. Wir brauchen Gemeinschaften, die das Thema kennen und sich auf eine grundsätzliche, absolute Solidarität geeinigt haben gegenüber allen, die sich mit ihrem Thema offenbaren. Wir haben dafür die Methode des SD-Forums eingeführt. SD heißt Selbstdarstellung und bedeutet eine Veranstaltung, wo sich der Darsteller vor der Gruppe vorbehaltlos zeigen kann mit seinen Ängsten und Konflikten, ohne verurteilt zu werden. Es geht dabei um das Erlernen von Solidarität. Wenn sich Menschen in denselben Nöten erkennen, brauchen sie sich weniger zu maskieren und können vertrauensvoller zusammenleben. „Gesehen werden heißt geliebt werden."

Das ist ein wahrer Satz. Aber man braucht Mut, um sich sehen zu lassen. Wir mussten viele ungewöhnliche Methoden entwickeln, um im Liebesbereich den Weg der Wahrheit zu finden. Wir sind noch lange nicht fertig, aber vielleicht haben wir die Mitte der Hängebrücke schon überschritten.

Es ist eine lange und manchmal mühselige Arbeit. Menschen, die in der Hoffnung auf schnellen Sex nach Tamera kommen, sollten vielleicht lieber eine andere Adresse wählen.

Für das Zusammenleben der Geschlechter haben sich einige Grundregeln herausgebildet, die in den ethischen Kanon einer neuen Kulturgründung aufgenommen werden könnten:

1. Die Liebe ist das höchste Kulturgut der Menschheit.
2. Das Vertrauen der Geschlechter ist die Basis einer Zukunft ohne Krieg. Belüge niemals deinen Liebespartner.
3. Du kannst nur treu sein, wenn du auch andere lieben darfst. Freie Liebe und Zweierliebe schließen sich nicht aus, sondern ergänzen einander.
4. Eifersucht gehört nicht zur Liebe.
5. Partnerschaft lebt nicht von den Ansprüchen aneinander, sondern von der gegenseitigen Unterstützung.
6. Sadismus und Masochismus sind aus sexuellen Fehlsteuerungen hervorgegangen. Gewalt gehört nicht zur Sexualität und nicht zur Liebe.
7. Kein Sex mit Kindern.
8. Sexuelle Handlungen dürfen niemals gegen den Willen eines Partners begangen werden.
9. Es gibt in der Liebe keinen Besitzanspruch. Beziehungsprobleme können nicht juristisch gelöst werden, sondern durch die Hilfe einer solidarischen Gemeinschaft.
10. Wenn du eine Wahl hast zwischen Liebe und etwas anderem, dann folge der Liebe.

Im Verhältnis der Frauen zu den Männern haben sich Verhaltensmuster entwickelt, die wir vielleicht als den „weichen Feminismus" bezeichnen können. Die Frauen fangen an, ihre weibliche Quelle zu entdecken und damit eine eigene souveräne Kraft aufzubauen, die nicht mehr abhängig ist von der Beziehung zu einem

einzigen Mann. Hier geschieht eine historische Neu-
verankerung der Frau im Holon des Lebens und der
menschlichen Gesellschaft. Sabine Lichtenfels hat in
ihrem Buch „Weiche Macht" das neue Verhältnis fol-
gendermaßen formuliert: *„Die Männerherrschaft hat
über 3000 Jahre lang die Geschichte geprägt und dabei das Prinzip der harten Kraft aufgebaut. Die Macht
männlicher Gesellschaften bestand im Brechen von Widerständen. Das äußerte sich in den Eroberungszügen,
den Religionskriegen, den Erziehungsmethoden und den
Methoden der Technik im Umgang mit der Natur. Durch
diese Methoden ist der heutige Mann selbst in eine innere Sackgasse geraten, aus der er ohne weibliche Hilfe
nicht mehr herausfindet. Wir wollen keine alten matri-
archalen Strukturen wieder aufbauen, wir wollen auch
nicht erneut die Männer dominieren oder bevormunden.
Frauenmacht ist nicht gegen den Mann gerichtet und
nicht gegen unsere Liebe zu den Männern, sie verläßt
aber entschlossen diejenigen männlichen Strukturen, die
zu der weltweiten Vernichtung des Lebens und der Liebe
beigetragen haben. ... Ohne unsere weibliche öffentliche
Stellungnahme findet niemand mehr aus der Sackgasse
heraus. Es liegt jetzt an uns Frauen, die politische und
sexuelle Verantwortung wieder anzunehmen, die so lange
gefehlt hat. Wir laden alle engagierten Männer ein, sich
unserer Friedensarbeit anzuschließen."*

Die Heilung der Geschlechterliebe ist nicht be-
schränkt auf die Geschlechterbeziehung. Sie umfasst
auch ein neues Verhältnis zur Natur, eine Kooperation
mit allen Mitgeschöpfen, die Heilung des Wassers und
ein liebevolles Verhältnis zu Tieren. Wir brauchen eine
neue Einordnung unserer Menschenwelt in die Gesamt-
welt des Lebens, um uns zu heilen vom Urschmerz der
Trennung.

Letztlich geht es um die Wiederverbindung mit „Omega", dem göttlichen Zentrum in allen Dingen. In der Begegnung von Zentrum zu Zentrum vollzieht sich die Liebe, so schrieb Teilhard de Chardin. Das Ziel unserer Arbeit ist die neue Erde, Terra Nova. Solange noch ein einziges Kind verhungert, ein Mädchen beschnitten, eine Frau vergewaltigt, ein Tier gequält und ein junger Mann zum Krieg gezwungen wird, ist diese Welt nicht in Ordnung. Wir arbeiten weiter.

Für die Solidarität und Liebe der Geschlechter.
Für alle Kinder der Erde.
Für eine Zukunft ohne Krieg.

III MATERIELLE GRUNDLAGE

DAS WASSER-GEHEIMNIS ALS GRUNDLAGE DER NEUEN ERDE

Heilung des Wasserkreislaufs durch den Aufbau von „Retentionslandschaften"

Freie Rede von Bernd Walter Müller, überarbeitet 2013

Wasser, Energie und Nahrung stehen der ganzen Menschheit zur freien Verfügung, wenn wir nicht länger den Gesetzen des Kapitals, sondern der Logik der Natur folgen.
Dieter Duhm

Ich stelle dieses Zitat an den Anfang meiner Rede, weil ich euch bitten will, diese Vision der heilen Erde zu sehen, so oft und intensiv ihr könnt. Wir dürfen uns nicht an einen Zustand gewöhnen, wo uns etwas, das eigentlich selbstverständlich ist, wie eine unrealistische Utopie erscheint. Eine Erde, auf der alle Menschen freien Zugang haben zu genügend Wasser, Energie und Nahrung, und das auch noch kostenlos, ist eine durch und durch machbare Vorstellung.

Schon vor über 80 Jahren wurden ähnliche Gedanken von dem Österreicher Viktor Schauberger beschrieben, einem genialen Wasserforscher, einem Vorreiter und Vordenker der höchsten Kategorie. Er hat bereits damals die globalen Probleme vorhergesehen, vor denen wir heute stehen, und aufgezeigt, wie sie zu lösen sind. Eine Schlüsselstelle für die Lösung ist die richtige Behandlung des Wassers. Deswegen möchte ich mich in diesem Vortrag mit dem Wasser befassen. Wasser ist Leben. Und wo Leben ist, ist auch Nahrung und Energie.

Die Jahre 2010 bis 2020 wurden von der UNO zum „Internationalen Jahrzehnt der Wüsten und der Wüstenbildung" erklärt. Die Desertifikation, also die fort-schreitende Wüstenbildung, ist heute eines der größten globalen Probleme.

Über 40% der globalen Landmasse zählen heute zu den Trockengebieten. Auch in Europa, zum Beispiel hier auf der Iberischen Halbinsel, ist die Wüstenbil-dung dramatisch. Ein Drittel der Landfläche Spaniens hat sich bereits in ein Trockengebiet verwandelt. Doch die meisten dieser Trockengebiete liegen in den noch ärmeren Ländern unserer Erde. Milliarden von Men-schen haben heute keinen Zugang mehr zu gutem und frischen Wasser. Auch wenn wir es noch so sehr ver-drängen wollen, wissen wir, dass dies unter anderem mit unserer Lebensweise hier in den Industrieländern zusammenhängt, die täglich, stündlich, minütlich dazu führt, dass in anderen Regionen der Erde Kinder an schlechtem Wasser erkranken und sterben, Menschen sich um die letzten Wasserstellen streiten müssen und Tiere verdursten.

Wasser, eigentlich eine Quelle des Lebens, ist heute Ur-sache für Krieg, Macht, Krankheit und unendlich viel Leid. Deswegen forderte auch der bolivianische Präsi-dent Evo Morales 2008 in seinen „10 Geboten, um den Planeten, die Menschheit und das Leben zu retten", dass wir uns mit dieser „Weltkrise des Wassers" auseinander-setzen und den Zugang zu Wasser zum Menschenrecht erklären müssen. Ich schließe mich ihm an. Ich halte diese Rede, damit alle Menschen und alle Tiere wieder freien Zugang haben zu gutem Trinkwasser. Dafür wur-de die Idee der Retentionslandschaften und der Schule Terra Nova entwickelt.

Wüstenbildung durch falsche Wasserwirtschaft

Wir Menschen haben das Wissen, wie Wüsten und Halbwüsten wieder zurückverwandelt werden können in lebendige Landschaften, die wieder von quellfrischen Wasserläufen durchzogen werden. Wüstenbildung ist in den meisten Fällen kein Naturphänomen, sondern die Folge von falscher Wasserwirtschaft in globalem Maßstab. Wüsten entstehen nicht, weil es zu wenig regnet, sondern weil der Mensch das Wasser falsch behandelt.

Ein Beispiel: Unsere Landschaft, der Alentejo, gilt als Trockengebiet. Aber letzte Woche hat es hier einen sehr starken Regen gegeben. Die Menge an Wasser, die in wenigen Tagen fiel, hätte ausgereicht, um die Bevölkerung des gesamten Gebietes das ganze Jahr über mit Trink- und Brauchwasser zu versorgen. Stattdessen aber floß es ungenutzt ab und hat zudem noch Zerstörung erzeugt: es hat fruchtbare Erde mit sich gerissen, Fundamente von Brücken unterspült, Straßen überschwemmt und Städte und Dörfer überflutet. Die Menschen sind nun damit beschäftigt, die angerichteten Schäden zu reparieren. Das ist aufwendig und teuer, und beim nächsten Regen geschieht dasselbe wieder. So haben sie keine Zeit, darüber nachzudenken, was sie tun können, um in neue Systeme zu investieren, in denen sie ganzjährig sauberes Wasser haben und gleichzeitig Überschwemmungen vermeiden können.

In Portugal haben wir im Winter viel Regen, im Sommer ist es trocken. Noch vor wenigen Jahrzehnten war Südportugal auch im Sommer eine Region, in der die Bäche ganzjährig Wasser führten. Heute schwellen die Bäche nur während der Regenzeit an und fallen danach wieder trocken. Das System ist vollkommen aus der Balance geraten.

Diese Situation finden wir weltweit, in entsprechender Form in allen Klimazonen. Fast überall erleben wir heute große Überschwemmungen und Erdrutsche mit katastrophalen Folgen für Mensch Tier und Natur. Die Menschen sprechen dann von Naturkatastrophen, in Wirklichkeit sind es aber von Menschen gemachte Katastrophen.

Der halbe Wasserkreislauf

Wie können wir diese Situation lokal und global verändern? Was heißt Systemwechsel am Beispiel der Wasserwirtschaft, und wie kann er eingeleitet werden? Um Antworten darauf zu finden, müssen wir noch einmal den Ist-Zustand anschauen, wie wir ihn heute überall vorfinden. Er entspricht dem von Viktor Schauberger beschriebenen „halben" Wasserkreislauf:

Wasser verdunstet, bildet Wolken und regnet ab. Der Regen trifft dann aber auf eine Erde, die das Wasser nicht mehr aufnehmen kann. Früher wurde die Erde von einer dichten und abwechslungsreichen Vegetationsdecke geschützt. So konnte sich wertvoller Humus bilden, der das Wasser wie ein Schwamm aufgesaugt hat. Heute jedoch wurde diese artenreiche Vegetation weitgehend zerstört; Wälder wurden abgeholzt, Grasland durch Über- oder Unterweidung falsch genutzt, große Flächen durch Überbauung oder einseitige Nutzung „versiegelt". Der ungeschützte Boden heizt sich auf. Wenn der Boden aber eine höhere Temperatur hat als das Regenwasser, kann er es nicht aufnehmen, er verschließt sich, wird hart, und das Wasser perlt ab. Es sammelt sich in großen Strömen, die schnell abfließen. Wo noch Humusschichten sind oder fruchtbare, lockere Erde ist, reißt es diese mit sich. So kommt es zum fatalen Problem der Erosion.

Das schnell strömende Wasser füllt Bachläufe und Flüsse in kürzester Zeit. Bei starkem Regen schwellen sie an und nehmen viel Bodenmaterial mit sich. Das können sie aber nicht an der nächsten Flußbiegung ablagern, weil das Wasser nicht mehr mäandrieren darf, denn die Flüsse wurden begradigt und die Ufer zusätzlich befestigt. Die wertvolle Erde, die so dringend auf dem Land gebraucht würde, führt nun flußabwärts zum Verlanden der Flüsse. Sie werden flach und treten über die Ufer. Das führt zu großen Schäden, vor allem in den Städten, die an den Flußmündungen liegen.

Im halben Wasserkreislauf haben wir Flüsse, die kein klares Quellwasser mehr mit sich führen, sondern trübes, verschmutztes Regenwasser. Nirgendwo hat das Wasser Zeit, sich zu sammeln, zu ruhen, zu reifen und sich mit Mineralien und Informationen anzureichern. Kaum ein junger Mensch dieser Erde kennt noch Bäche, die klares Quellwasser mit sich führen.

Der sinkende Grundwasserspiegel

Wenn das Wasser nicht in den Erdkörper eindringen kann, fehlt es dort. Durch die so entstandene Trockenheit leidet das Bodenleben, die Mikroorganismen ziehen sich zurück, die Fruchtbarkeit des Landes nimmt spürbar ab, immer weniger Pflanzen- und Tierarten können überleben. Trockenheit und Verlust an Artenvielfalt sind die wichtigsten Anzeiger der Wüstenbildung. Der Grundwasserspiegel sinkt – und zwar weltweit und dramatisch. Der weltweite Vorrat an Trinkwasser schwindet.

Hier stehen wir vor einer Tatsache, die uns direkt in apokalyptische Szenarien führt, wenn es uns nicht gelingt, diesen Prozess aufzuhalten. Durch den sinkenden Grundwasserspiegel kann die Balance zwischen dem

Süßwasser des Grundwassers und dem Salzwasser aus den Meeren nicht mehr aufrecht erhalten werden; das Salzwasser dringt ungehindert ins Landesinnere ein, Böden und tiefer liegende Süßwasservorräte werden versalzen. Das Ökosystem „kippt", eine beinahe irreversible Situation. In vielen Küstengebieten weltweit ist dieser Vorgang schon im Gang. Auch hier auf der Iberischen Halbinsel beginnt das Grundwasser in Küstennähe zu versalzen.

Welchen Zeiten aber geht die Menschheit entgegen, wenn es kein natürliches Trinkwasser mehr gibt? Hier dürfen wir uns nicht abwenden und etwas geschehen lassen, was zu verhindern wäre. Das Wissen dazu ist vorhanden, jetzt geht darum, es auch umzusetzen.

Wir wissen: So ist die Erde nicht gemeint. So ist das Zusammenleben von Mensch, Tier und Erde nicht gemeint. So ist das Leben nicht gemeint.

Der große Wasserkreislauf

Schauen wir wieder auf das heile Bild – es ist das Bild des großen Wasserkreislaufs: Der Regen, der auf die Erde fällt, wird dort von einer Schicht Humus aufgesaugt. Es ist noch nicht lange her, da gab es hier auf dem Gelände von Tamera eine durchlebte humose Bodenschicht von stellenweise einem halben Meter Dicke. So war es mehr oder weniger überall in Portugal und im Prinzip in ganz Europa. Die durchwurzelte und von Pflanzen beschattete Humus-Schicht saugte sich mit Regenwasser voll und gab ihm so Zeit, in tiefere Erdschichten zu sickern und den Erdkörper mit Wasser aufzufüllen. So entstand ein gesättigter Erdkörper als Speicherorgan. Dort unter der Erde ruht das Wasser in verschiedenen Tiefen, manchmal über lange Zeit. Wir wissen noch wenig darüber, was dort im Dunkeln wirklich mit dem Wasser geschieht. Ich empfinde dies als den weiblichen oder auch seelischen Teil des Wasserkreislaufes. Was wir sagen können ist, dass das Wasser dort reift, indem es sich mineralisiert und Informationen aufnimmt. Diese Fähigkeit, Informationen aufzunehmen und zu speichern, gehört zu den wesentlichen und geheimnisvollsten Kräften des Wassers.

In der gesättigten Erde kühlt das Wasser auf seinem Weg in tiefere Erdschichten ab. Wo der große Wasserkreislauf intakt ist, tritt das Wasser als gereiftes Quellwasser mit einer Temperatur von +4°C wieder an die Oberfläche. Solches Quellwasser hat eine immense Heilkraft für die Erde und alle ihre Geschöpfe.

Bäche und Flüsse, die Quellwasser führen und ihrem Wesen gemäß schwingen dürfen, haben Heilkraft für das Land. Das Wasser vitalisiert sich zunehmend im Laufe seines Fließvorgangs. An den Ufern solcher Bäche und Flüsse entstehen vielfältige Biotope, in denen sich das Leben entfaltet. Das Wasser im großen Wasserkreislauf fließt konstant und gleichmäßig. Die Erde wirkt als Puffer. Sie kann auch große Wassermengen auf einmal aufnehmen, gibt sie aber nur langsam wieder ab. So werden Überschwemmungen verhindert. Und gleichzeitig führen die Bäche das ganze Jahr über klares, sauberes Wasser. Die Balance ist hergestellt zwischen den regenreichen Monaten und der trockenen Jahreszeit. Das gilt im Prinzip für alle Klimazonen. Ein großer Wasserkreislauf, in dem der Erdkörper wieder seine volle Funktion einnimmt, schafft überall Ausgewogenheit und Stabilität.

Naturheilung durch Retentionslandschaften
Heute ist dieser Erdkörper, der humose Mutterboden, zu einem großen Prozentsatz von der Erdoberfläche

verschwunden. Der Erosionsprozess ist vor allem in den letzten Jahrzehnten so schnell und großflächig vorangeschritten, dass man von einer globalen Katastrophe sprechen kann. Deswegen können wir uns nicht damit aufhalten, Ökosysteme zu entwickeln, die erst in 30, 40 oder gar mehr Jahren wieder eine dünne Humuslage schaffen. Wir brauchen diesen ausbalancierenden Schwammeffekt früher. Damit der Wasserkreislauf wieder vollständig wird, mussten wir etwas finden, wie das Wasser trotz des fehlenden Mutterbodens von der Erde aufgenommen werden kann. So entstand die Idee der Retentionslandschaften.

Retentionslandschaften sind Systeme zur Wiederherstellung des großen Wasserkreislaufes, indem sie das Wasser dort *zurückhalten* (lat. *retendere*), wo es abregnet. Es gibt eine Fülle an Methoden, um das Regenwasser auf dem Land zu halten, die in verschiedenen Kombinationen miteinander angewendet werden können, zum Beispiel das Anlegen von Retentionsräumen, von „checkdams", „swales", Terrassen, Tiefpflügen entlang der „keylines" oder durch besondere Nutzungsformen wie Aufforstung, biologische Landwirtschaft oder durch ein spezielles Weidemanagement (Holistic Planned Grazing).

Ziel der Arbeit ist es, dass kein Regen- oder Abwasser das Gelände mehr verläßt. Dann haben wir eine Landschaft in eine „Retentionslandschaft" verwandelt. Alles abfließende Wasser soll wieder Quellwasser sein.

In Tamera haben wir eine Reihe von miteinander verbundenen Retentionsräumen geschaffen (in der Größe von Teichen bis kleinen Seen), in denen sich das Regenwasser hinter einem Damm aus Naturmaterialien sammeln kann. Die Retentionsräume selbst werden nicht mit Beton oder Folie abgedichtet, so dass das Wasser langsam und stetig in den Erdkörper hinein diffundieren kann.

Mit dem Begriff „Retentionslandschaft" ist immer das Konzept der Naturheilung verbunden. Der Aufbau von Retentionslandschaften ist eine aktive und wirkungsvolle Antwort auf die Zerstörung der Natur, die in Tamera in intensiver Zusammenarbeit mit dem Permakulturspezialisten Sepp Holzer aus Österreich und verschiedenen Visionären und Ökologen aus aller Welt entwicket wurde. Es gibt keine von Menschen bewohnte Regionen, die für den Bau von Retentionslandschaften ungeeignet wären. Überall, wo heute Ökosysteme und Landschaften gestört oder zerstört wurden, können und sollen Retentionslandschaften angelegt werden, auf jedem Boden, in jeder Klimazone, in jeder Hanglage und vor allem in Gebieten mit geringem Niederschlag. Hier sind sie ganz besonders wichtig.

Je weniger Niederschlag in einem Gebiet fällt und je länger die Abstände zwischen den Regenfällen sind, um so dringender ist der Aufbau einer Retentionslandschaft. Aber auch in tropischen, regenreichen Gebieten sind Retentionslandschaften ein großer Schritt zur Heilung. Die Retentionsräume ersetzen die empfindliche Humusschicht, die nach dem Abholzen der Regenwälder manchmal schon in einer einzigen Regensaison gänzlich weggewaschen wird. Und sie tragen durch ihr hohes Aufnahmevermögen an Wasser auch dazu bei, die fatalen Erdrutsche zu verhindern, die heute immer häufiger durch starke Regenfälle ausgelöst werden. So retten sie ganz direkt auch Menschenleben.

Vielleicht gibt es noch einige wenige Waldgebiete auf der Erde, wo es noch nicht nötig ist, korrigierend einzugreifen, weil noch genug Humus vorhanden ist. Aber das sind heute leider nur noch Randerscheinungen.

Eine Retentionslandschaft ist der Heilungsimpuls, den die Erde und alle ihre Geschöpfe heute brauchen. Und sie müssen und können überall da entstehen, wo Menschen den Mut und die Kraft und natürlich das Wissen wiedererlangen, sie aufzubauen.

Dafür brauchen wir jetzt eine entschlossene gemeinsame Kraft und Ausrichtung. Um weltweit Retentionslandschaften aufzubauen, werden spezielle Ausbildungsstätten benötigt. Wir haben die Schule Terra Nova ins Leben gerufen, um die Informationen zunächst über das Internet zu verbreiten und Gruppen und Initiativen darin zu unterstützen, dieses Wissen in ihren Ländern anzuwenden. In unserer Vision könnten sich dann überall und selbst organisiert sog. Modell-Universitäten entwickeln, wo in Theorie und Praxis gelehrt wird, wie Retentionslandschaften gebaut werden. Damit wird ein Prozess des Umdenkens eingeleitet, der natürlich auch alle anderen Bereiche des menschlichen Lebens erfasst. Eine Retentionslandschaft kann auf Dauer nur funktionieren, wenn sich das individuelle und gesellschaftliche Leben wieder einbettet in die Natur und in die höheren Ordnungen der Schöpfung. Wie eine solche Einbettung auf moderner Stufe funktioniert, welches technologische und soziale Wissen dafür gebraucht wird, das alles soll in den Modellen erforscht und gelehrt werden und allen Menschen zur Verfügung stehen, die dieses Wissen suchen. Der Prozess des Umdenkens wird letztlich erst dann zu Ende sein, wenn es kein einziges Lebewesen auf der Erde mehr gibt, das nicht ausreichend mit Wasser, Nahrung und menschlicher Anteilnahme versorgt wird.

Das Wesen des Wassers kennenlernen

Der erste Schritt des Umdenkens beginnt mit dem Wasser selbst. Ein Retentionsraum ist nicht nur technisch zu verstehen, sondern ist dafür da, um den neuen Ingenieuren auch das Wesen des Wassers näher zu bringen. Ein Retentionsraum muss so gestaltet sein, dass sich in ihm das Wasser nicht anstaut, sondern ganz im Gegenteil *seinem Wesen gemäß* bewegen kann. Wasser ist nicht einfach nur ein physikalischer oder chemischer Stoff, den der Mensch ganz nach seinem Belieben oder gar nach industriellen Normen behandeln kann. Wasser ist ein Lebewesen. Wir modernen Menschen müssen es lernen, das wieder ganz zu verstehen.

Die Ausformung der Retentionsräume ist deswegen nicht willkürlich. Wir beobachteten das Wasser: Wie möchte es sich bewegen? Welche Uferformen mag es? Welche Temperatur und welche Temperaturunterschiede mag es? Mag es Wellenbildung oder nicht? Diese ganzen Aspekte fließen in unsere Arbeit ein.

Wie jedes Lebewesen braucht auch das Wasser die Freiheit, sich seinem Wesen gemäß bewegen zu dürfen. Wasser will sich einrollen, verwirbeln, schwingen, mäandrieren. Dann bleibt es vital und frisch. Durch die Bewegung reinigt es sich von selbst. Gleichzeitig kann es auch zur Ruhe kommen und hat Zeit, in den Erdkörper einzusickern.

Es gibt drei wichtige Prinzipien für die Gestaltung eines solchen Retentionsraumes:

• Die längere Seite der Retentionsräume wird möglichst zur Hauptwindrichtung angelegt. Der Wind streicht dann über eine lange Oberfläche. Dadurch bilden sich Wellen, die Sauerstoff eintragen: Sauerstoff ist ein wichtiges Element für die Wasserreinigung. Wind und Wellen tragen darüber hinaus Schmutzpartikel ans Ufer, wo sie von Wasserpflanzen festgehalten und schließlich aufgenommen werden.

• Ufer werden nie begradigt und künstlich befestigt, sondern mäanderförmig geschwungen angelegt, mit steilen und flachen Stellen, so dass sich das Wasser drehen und verwirbeln kann. Mindestens ein Teil der Uferzonen wird mit Wasser- und Uferpflanzen bepflanzt.

• Es werden Tief- und Flachzonen angelegt. So entstehen verschiedene Temperaturzonen, die für eine gesunde Thermodynamik im Wasserraum sorgen. Beschattete Uferflächen unterstützen diesen Prozeß. Eine Vielfalt von Wasserlebewesen findet so die passenden Lebensräume.

Der Damm eines Retentionsraumes besteht komplett aus Naturmaterialien, es wird keine Folie oder Beton verwendet. Die Sperrschicht besteht aus möglichst feinem Material – optimal ist Lehm –, für das am besten der Aushub der Tiefenzone verwendet wird. Sie wird mit einer dichten Schicht des Unterbodens verbunden, die manchmal einige Meter tief liegt. Die Sperrschicht wird aus erdfeuchtem Feinmaterial verdichtet und aufgebaut. Sie wird dann von außen mit gemischtem Erdmaterial aufgeschüttet, mit Humus oder Muttererde bedeckt und kann dann bepflanzt und gestaltet werden.

Durch die natürliche Bauweise passen sich die Retentionsräume in die Landschaft ein und bleiben keine Fremdkörper. Schon nach kurzer Zeit stellt sich an den Ufern wieder Leben ein. Die Pflanzen, vor allem auch die Bäume, werden endlich wieder von unten mit Wasser versorgt, so wie es ihrer Natur entspricht. Und wir können mehr und mehr und schließlich ganz auf künstliche Bewässerung von oben verzichten.

Die Helferkräfte

Beim Bau von Retentionslandschaften steht uns eine Fülle von Helferkräften aus dem Naturreich zur Seite. Die neuen Ingenieure wissen das, werden mit diesen Kräften Kontakt aufnehmen und sie um ihre Mithilfe bitten.

Da sind einmal die Millionen und Milliarden von Kleinstlebewesen, die sofort mit ihrer Arbeit anfangen, wenn sie merken, dass es auch über eine Regensaison hinaus Wasser gibt. Sie sind unsere besten Mitarbeiter. Die meisten von ihnen leben unsichtbar in der Erde. Diese Wesen spüren, dass hier ein nachhaltiger Heilungsprozess eingeleitet werden soll, der allen zugute kommt. Vielleicht sehen wir eine lange Zeit nichts von ihrem Wirken, aber wir dürfen wissen, dass sie da sind und schon sehr schnell mit ihrer Arbeit anfangen.

Eike Braunroth, ein Experte in Sachen Kooperation mit der Natur, beschreibt in seinem Buch „Harmonie mit den Naturwesen" eindrücklich, was geschieht, wenn die Tiere, die bisher als Schädlinge und Ungeziefer angesehen und entsprechend bekämpft wurden, als Kooperationspartner entdeckt werden. Er beschreibt am Beispiel von Nacktschnecken, Blattläusen, Wühlmäusen, Kartoffelkäfer und Zecken:

„Ihr massenhaftes Auftreten, ihre ungezügelte Vermehrung, ihre ungebrochenen Freßorgien in meinem Garten, ihre Resistenz gegenüber meinen Schlichen haben mir den Sinn für ein anderes Lebensbewußtsein geöffnet ... Heute leben sie alle bei mir im Garten ihr ungestörtes Da-Sein. Sie haben mir gezeigt, wozu die Natur fähig ist: zu vorbehaltloser Freundschaft!"

In unsere ökologische Arbeit in Tamera wird dieser Aspekt der Kooperation intensiv miteinbezogen. Vögel zum Beispiel sind notwendige Mitarbeiter beim

Waldaufbau, denn manche Saat braucht den Durchgang durch einen Vogelmagen, um überhaupt aufgehen zu können. Hier liegt ein spannendes Arbeits- und Forschungsgebiet bereit.

Es gibt auch Helferkräfte, die uns noch ziemlich fremd sind: Von Dhyani Ywahoo, einer spirituellen Lehrerin der Cherokee-Indianer Nordamerikas, haben wir erfahren, dass der Blitz ein wichtiger Faktor für die Revitalisierung von geschwächten Böden ist, wenn diese wieder genügend durchfeuchtet sind. In ihrem Buch „Am Feuer der Weisheit" schreibt sie:

„Wenn die unterirdischen Wasservorräte erschöpft werden, ziehen sie die elektrische Energie der Blitze nicht mehr zu sich an. Die Aktivität der Gewitter ist der Puls, so wie das Nervensystem der Puls ist, der deinen Körper belebt. Wenn also die Wasservorräte zunehmend verringert werden, gibt es immer weniger Energie für Wachstum und Leben. Auch haben Blitze weitere subtilere Auswirkungen."

Sepp Holzer hat auch den Donner als Helferkraft entdeckt und zwar für das Wachstum verschiedenster Arten von Speisepilzen.

Wir sehen an diesen Beispielen, wieviel spannende Forschungsarbeit noch vor uns liegt.

Mit dem Aufbau von Retentionslandschaften geht der Mensch wieder eine Kooperation ein mit dem Geist der Erde, dem Geist der Pflanzen, Tiere und Menschen, die in diesem Raum leben oder leben sollen. Es handelt sich beim Anlegen dieser Systeme also nicht nur um Ingenieurskunst, sondern auch um die Kunst des Kontakts mit dem Lebendigen und um die Anerkennung, dass wir Menschen nicht die Einzigen sind, die hier auf dem Planeten leben. Uns wurde die Schöpfung anvertraut, damit wir sie wahrnehmen und pflegen. Das ist die ei-

gentliche Rolle, die dem Menschen auf der Erde zu-
kommt. Hier wird ein altes Wissen wieder wachgerufen
und in unser modernes Leben übertragen, welches die
indigenen Völker früher alle hatten.

Die Retentionslandschaft von Tamera

In Tamera haben wir 2007 mit dem Bau eines ersten
Retentionsraumes begonnen. Der Vorschlag dazu kam
von Sepp Holzer, der uns seit langem in der ökologischen Renaturierung und Heilung des Tamera-
Geländes unterstützt. Wir hatten bis dahin geglaubt,
in einem trockenen Land zu leben. Als er uns die Di-
mensionen des geplanten ersten Retentionsraums auf-
zeichnete, kam die Frage auf, wie lange es wohl dauern
würde, bis sich dieses große Loch mit Wasser füllen
würde. Der „See 1", wie wir ihn heute nennen, liegt im
Zentrum unseres Geländes. Die Vorstellung, jahrelang
ein staubiges, halb leeres Becken anschauen zu müssen,
motivierte uns nicht gerade dazu, diesen ersten Schritt
hin zu der geplanten Retentionslandschaft zu tun.

Dann kamen wir auf die Idee, uns die durchschnitt-
liche Jahresniederschlagsmenge vor Augen zu führen,
mit der im Einzugsgebiet dieses Retentionsraumes zu
rechnen ist. Wir füllten das Wasser gedanklich in Be-
hälter mit einem Fassungsvermögen von jeweils einem
Kubikmeter und stellten sie eines nach dem anderen
der Reihe nach auf und kamen auf eine Länge, die von
Tamera bis in das knapp tausend Kilometer entfernte
Barcelona reichte!

Das genügte, um uns aus dem System des Mangel-
denkens herauszukatapultieren. Im gleichen Jahr begannen wir mit dem Bau. Im ersten Winter füllte sich
der See und der angrenzende Erdkörper zu gut Zwei-
drittel mit Wasser. Nach der zweiten (niederschlagsar-

men) Regensaison fehlten nur noch wenige Zentimeter bis zum Höchststand. Im dritten Winter fiel so viel Regen, dass er noch etliche solcher Retentionsräume hätte füllen können. Heute, nach nur vier Jahren seit Baubeginn, ist es, als hätte es nie etwas anderes an dieser Stelle gegeben als einen Wasserraum. Viele Menschen, die zum ersten Mal Tamera besuchen, wollen zunächst nicht glauben, dass es sich *nicht* um einen natürlichen See handelt. Auf den Uferterrassen haben wir „essbare Landschaften" angelegt und einige tausend Obstbäume und Sträucher gepflanzt. Wilde Tiere wie der Fischotter siedelten sich an. Und die Vögel kamen zurück: Mittlerweile kennen wir 93 verschiedene Vogelarten in Tamera, einige davon sind seltene Arten, die nur in wasserreichen Gebieten vorkommen.

Bereits im ersten Jahr hat sich eine neue Sickerwasserquelle auf unserem Gelände gebildet, die seitdem das ganze Jahr über konstant läuft.

Der Bau des „See 1" war erst der Beginn. Seitdem haben wir etliche weitere Retentionsräume angelegt. 2011 haben wir einen Retentionsraum gebaut, der etwa das dreifache Fassungsvermögen aufweist wie der „See 1". Mit diesem Bau haben wir in einem ersten Tal den Durchbruch geschafft von einer Landschaft mit viel Wasser hin zu einer Retentionslandschaft: Dieses Gebiet ist jetzt in der Lage, die Wassermengen auch von stark anhaltenden Niederschlägen vollständig aufzunehmen.

Dieser große Retentionsraum liegt an der höchsten Stelle dieses Tales. Der Wasserdruck reicht aus, um die Bewässerung auf dem größten Teil unseres Geländes zu gewährleisten (so lange wir sie noch brauchen), ohne zusätzliche Energie für das Pumpen aufbringen zu müssen. Mit dem Wasser aus diesem höchstgelegenen Retentionsraum werden wir den Wasserstand der nachfolgenden Retentionsräume das ganze Jahr über fast konstant halten können.

Wir wollen hier in Tamera im Modell zeigen, wie es eigentlich überall im Alentejo und im Grunde überall auf der Welt aussehen könnte. Ohne Wasser gibt es kein Leben. Positiv gesagt, heißt das: Mit Wasser gibt es Leben. Wir können immer mehr in die Lage kommen, das Bild zu sehen und zu pflegen, das vor unserem Auge entsteht, wenn wir uns fragen: Wie sieht es aus, wenn wir mit Wasser leben und nicht ohne Wasser? Wie schnell kommen wir da an Paradiesbilder und wie schnell können wir da auf allen Ebenen aus dem Mangeldenken austreten!

Ich möchte mit einem Zitat von Viktor Schauberger abschließen. Es stammt aus einem Aufsatz, den er im Jahre 1934 geschrieben hat (aus: „Das Wesen des Wassers"): *„Aus dem Wasser ist alles entstanden. Das Wasser ist daher der universelle Rohstoff jeder Kultur oder das Fundament jeder körperlichen und geistigen Entwicklung. Die Entschleierung des Wassergeheimnisses ist das Ende jeder Art (kapitalistischer Anm. d. Verlags) Spekulation oder Berechnung mit ihren Auswüchsen, zu denen Krieg, Hass, Neid, Unduldsamkeit und Zwieträchtigkeit in jeder Form und jeder Art zählen. Diese restlose Erforschung des Wassers bedeutet daher im wahrsten Sinne des Wortes das Ende der Monopole, das Ende jeder Beherrschung und den Anbeginn eines Sozialismus durch die Ausgestaltung des Individualismus in vollendetster Form.*

Wenn es uns gelingt, das Wassergeheimnis zu entschleiern, zu verstehen, wie Wasser entstehen kann, dann wird es möglich, jede Wasserqualität an beliebigen Orten herzustellen, und dann wird man in die Lage kommen, ungeheure Wüstenflächen wieder urbar zu machen, dann wird der Kaufwert der Nahrung und zugleich der

Kaufwert der Maschinenkraft auf ein solches Minimum gesenkt, dass es sich nicht mehr lohnt, damit zu spekulieren."

Ich bitte alle, diese Vision zu sehen. Ich bitte alle zu sehen, wie der Mensch gemeint ist, wie die Aufrichtung des Menschen gemeint ist und welche Rolle dabei der Aufbau von Modellen spielt. Ein Mensch, der wieder sein Menschenrecht in die Hand nimmt, wird auch das Wasserrecht wieder vertreten, wie Evo Morales es gefordert hat, und in die Kooperation eintreten mit der Natur und ihren Wesen. Wenn wir dieses Bild der Wiederverbindung mit der Natur in unserem Inneren wieder gefunden haben, dann beginnen wir, den Satz zu verstehen:

„Wasser, Energie und Nahrung stehen der ganzen Menschheit zur freien Verfügung."

So ist das Leben gemeint.

FRIEDEN MIT DER NATUR UND ALLEN MITGESCHÖPFEN

Auszug aus dem Buch: Die Heilige Matrix

Dieter Duhm, 2001

„Solange die Menschen Tiere quälen, foltern und erschlagen, werden wir Krieg haben."
Bernard Shaw

Sonntagvormittag. Ich liege in der Badewanne und bemerke einige winzige Tierchen an den Kacheln der Wand. Sie sind sehr dünn und vielleicht 3 Millimeter lang und haben ziemlich viele Beine. Ich beschließe, sie für Ameisen zu halten. Wo kommen sie her? Wovon leben sie? Was machen sie an dieser Wand? Ich werde neugierig, es sind Mitgeschöpfe der Evolution, echte Lebewesen, Teil des **einen** Seins, sie müssen deshalb in irgendeiner Art von kosmischer Verwandtschaft zu mir stehen. Ich beobachte ihre Sonntagsspaziergänge an der senkrechten Wand und sehe, wie sie in einem kleinen Loch verschwinden. Das ist ihre Wohnung. Sie haben sich in dem Gips zwischen den Kacheln eine Wohnung gebaut! Was mag in ihnen vorgegangen sein, als sie dies taten? Woher hatten sie den Eifer und die Kraft, so etwas zu können? Normalerweise betrachtet man sie als Ungeziefer und putzt sie weg. Hier treffen zwei Welten aufeinander, von denen die eine, die ältere, weichen muss. Das mag richtig sein im Sinne Darwins, aber ist es auch richtig vor den Augen einer höheren Instanz? Haben wir Menschen wirklich das Recht, mit solcher Selbstverständlichkeit jene Elemente des Lebens zu vernichten, die nicht in unser eigenes Lebenssystem passen? Ist es das Lebenssystem der Ameisen, welches hier falsch liegt – oder ist es unser eigenes? Ist vielleicht unser eigenes Lebenssystem nicht ganz richtig an eine höhere Schöpfungsordnung angepasst? Gäbe es eine Möglichkeit der gewaltfreien Koexistenz? Solche Fragen hätten wir noch vor wenigen Jahrzehnten als absurd bezeichnet, heute aber werden sie mit jeder weiteren Überlegung und mit jeder neuen Erfahrung immer aktueller. Vielleicht gibt es eine Möglichkeit der Koexistenz, die alle Lebewesen umfaßt? Wir werden sehen. Ich habe an der Chaosforschung eines begriffen: Dinge, die auf einer bestehenden Ordnungsebene miteinander kollidieren, können auf einer höheren Ordnungsebene harmonieren. Wenn innerhalb eines bestimmten Systems Feindseligkeiten auftreten, können sie sich auf der Ebene eines neues Systems von höherer Ordnung in Freundschaft verwandeln. Die Lösung vieler Themen liegt darin, eine höhere Ordnungsebene zu finden.

Die landwirtschaftliche Produktion von Nahrungsmitteln ist weltweit mit einem Giftkrieg verbunden, den der Mensch gegen die „Schädlinge" führt. Es handelt sich bei den sogenannten Schädlingen um unzählige Kleinlebewesen, welche jeden Acker und jeden Garten bevölkern und natürlicherweise an der Ernte teilnehmen wollen: Würmer, Raupen, Schnecken, Käfer, Blattläuse, Mäuse, Maulwürfe etc. Der Giftkrieg entspricht nicht den Regeln der heiligen Matrix, denn hier zerstört der Mensch andere Organe, die wie er zum Leib des Ganzen gehören. Es gibt eine Alternative, die sich in kleinen Modellprojekten bereits bewährt hat.

Es gibt gewaltfreie Gärten auf der Erde. Sie sind beschrieben in dem Buch „In Harmonie mit den Naturwesen" von Eike Braunroth. Das Prinzip basiert auf der Kommunikation mit den sogenannten Schädlingen, nicht auf ihrer Vernichtung. Die Friedensgärtner verwenden weder Pestizide noch irgendwelche sonstigen Abschreckungsmittel gegen die Kleintiere. Der Friede wird hergestellt durch eine vertragliche Vereinbarung zwischen Mensch und Mitgeschöpf. So hat zum Beispiel Jürgen Paulick, ein Schüler von Eike Braunroth und bis zu seinem Tod Mitarbeiter von Tamera, folgende Vereinbarung mit Schnecken getroffen: *„Ich habe ein Salatbeet angelegt, es gehört uns zusammen; ich ernte 12 Salatköpfe und ihr kriegt drei.“* Gelegentlich hat er solche Verträge sogar auf Zettel geschrieben, die er in den Garten gelegt hat. Ich kann mir eine schöne Überschrift in der Bildzeitung vorstellen: „Alternativer Gärtner schreibt Briefe ans Ungeziefer.“ Wir mögen zunächst ähnlich empfinden und den Kopf schütteln. Der Witz ist aber, dass die Sache funktioniert. Wir selbst haben in Tamera Kontakte mit Tieren gehabt, die man niemals für möglich hält, solange man sie nicht erlebt hat. Sie erklären sich aus der Tatsache, dass wir alle – Tier und Mensch – Teile des **einen** Seins und des **einen** Bewusstseins sind. Die Informationen müssen eindeutig und widerspruchsfrei sein. Sie müssen aus einem echten Geist des Friedens kommen, nicht aus einem widerwilligen Zugeständnis. Auch in der Umgebung darf man keine Anzeichen von Gewalt und Vernichtung spüren, auch nicht in Form von sogenannten Mittäterprodukten, für deren Produktion Tiere getötet werden mussten.

Kennen Schnecken die Zahl Drei? Wahrscheinlich nicht, aber sie brauchen sie auch nicht zu kennen. Auch ein Computer braucht nicht zu verstehen, was man ihm eingibt, und tut trotzdem das Richtige, weil er von einer höheren Intelligenz so programmiert wurde. Ähnlich ist es bei den Schnecken und anderen Tieren. Wenn wir unsere Bitte klar genug formulieren und wenn sie sinnvoll ist, dann wird sie von dem Informationsmuster, welches die Schnecken leitet, aufgenommen und als Verhaltensimpuls an die Schnecke weitergegeben. Es ist ähnlich wie bei einer Spinne, die ihr Netz baut. Weiß die Spinne, wie man ein Netz baut? Die Meta-Intelligenz, welche durch das Informationsgitter der Spinne auf ihren Körper einwirkt, weiß es – und das genügt im Schaltsystem der Schöpfung.

Im Falle des Friedensgartens ist Gartenbau von Anfang bis Ende ein spiritueller Vorgang von Information und Kooperation. Alles ist ein Sein und ein Kontinuum: die Gartenerde, die Pflanzen, die Tiere, der Mensch und die Welt der Mikroben sind Teile **eines** Lebenskörpers. Alle daran beteiligten Subjekte sind bei richtiger Frequenz in **einem** Informationskreislauf miteinander verbunden.

IV ANHANG

AUTOREN:

Dr. Dieter Duhm

Geb. 1942 in Berlin, Psychoanalytiker, Kunsthistoriker und Soziologe, einer der führenden Köpfe der marxistischen Linken in der 68er-Studentenbewegung in Deutschland. Er verbindet den Gedanken der politischen Revolution mit dem Gedanken der individuellen Befreiung, wird bekannt durch sein Buch „Angst im Kapitalismus". Ab 1975 öffentliche Distanzierung vom linken Dogmatismus und Hinwendung zu einer gründlicheren menschlichen Alternative. 1978 Gründung des Projekts „Bauhütte", eines dreijährigen sozialen Experiments im Süden Deutschlands. Er entwickelt den „Plan der Heilungsbiotope", eine Strategie, wie ein weltweiter Friede herbeigeführt werden könnte. 1995 gründet er zusammen mit Sabine Lichtenfels (Theologin) und Rainer Ehrenpreis (Physiker) das Friedensforschungszentrum „Tamera" in Portugal, mit dem Ziel, globale Friedensarbeit mit dem Aufbau neuer Lebensmodelle zu verbinden, und Plätze zu schaffen, auf denen Menschen mit allen Mitgeschöpfen in Kooperation und gegenseitiger Unterstützung zusammenleben. Heute arbeitet er in Tamera als Leiter der Abteilung für Kunst und Heilung und bereitet ein internationales Denk- und Bewusstseinszentrum zur Heilung der Erde vor.

Sabine Lichtenfels

Geb. 1954 in Münster, ist Theologin und Friedensaktivistin. Durch den Steinkreis Almendres bei Évora in Portugal erfuhr sie 1995, dass sie auf mediale Weise mit einem menschheitlichen Urwissen in Kontakt kommen kann. Weit vor unserer Zeitrechnung, so entdeckte sie, lebte eine friedliche Stammeskultur, die mit der Natur kooperierte und die ein hohes Wissen in der Liebe und im Gemeinschaftsleben besaß. Sie ahnten ihren Untergang und speicherten ihr Wissen von einem harmonischen Leben im Einklang mit der Göttin in Steinkreisen. Ihre universelle, gemeinschaftliche Lebensweise nannte Sabine Lichtenfels „urgeschichtliche Utopie". Sie nahm sie als Vorbild für eine Zukunftsgemeinschaft und Friedensuniversität, die sie selbst gemeinsam mit Dieter Duhm und anderen im Süden Portugals gründete: das Heilungsbiotop I Tamera. Über ihre Entdeckungen und Forschungsreisen am Steinkreis schrieb Sabine Lichtenfels zwei Bücher: „Traumsteine" und „Tempel der Liebe".

2013 gründete sie die Globale Liebesschule, um das urgeschichtliche Wissen weltweit zu verankern.

Bernd Walter Müller

Geb. 1962 in Köln, Naturforscher, Spezialist für den Aufbau von Wasserlandschaften und Permakultur.

Seit 2007 Mitarbeiter von Tamera und in intensiver Kooperation mit Sepp Holzer.

Heute ist Bernd Müller Leiter der Ökologie-Abteilung von Tamera und Lehrer des Global Campus, einer internationalen Ausbildungsstätte für Friedensarbeiter.

1986 hatte er sein Maschinenbaustudium abgebrochen, weil er im herkömmlichen Universitätsbetrieb nicht die Antworten fand, die er suchte. Er machte sich selbstständig, führte einen Bioladen, arbeitete im Landschaftsgartenbau und später in der Großbaumpflege.

1989 wanderte er nach Spanien aus und bewirtschaftete einen biologischen Bergbauernhof in der Sierra Nevada. Hier fand er die nötige Ruhe, um Naturvorgänge durch intensive Beobachtung zu studieren. Er entdeckte dabei eine neue, feinstoffliche Möglichkeit der Kooperation zwischen Mensch und Natur. Die in diesem Selbststudium gewonnenen Erkenntnisse setzt er heute praktisch im Aufbau ökologischer Modelle zur Landschaftsheilung und Renaturierung der Erde um.

Monika Alleweldt

Geb. 1954 in Giessen, Dipl.-Ing. agr.

Ein landwirtschaftliches Praktikum in Guatemala markiert einen Wendepunkt in ihrem Leben. Aufgewühlt von den Eindrücken in einem Drittweltland, in dem der Bürgerkrieg gerade zu einem Genozid an der indianischen Bevölkerung eskaliert, sucht sie nach den Schlüsselpunkten einer wirksamen Hilfe für die Welt. 1986 trifft sie auf das von Dieter Duhm, Sabine Lich-

tenfels und anderen initiierte Projekt „Bauhütte" –
Vorläufer des späteren Friedensforschungszentrums
Tamera. Hier findet sie überzeugende Grundgedanken für die gesuchte Veränderung. Seitdem engagiert
sie sich im Rahmen von Tamera vor allem in den Bereichen Öffentlichkeitsarbeit und Publikationen.

ÜBER DEN HERAUSGEBER:

Martin Winiecki

Geb. 1990. Seit seiner frühen Jugend in
seiner Heimatstadt Dresden politisch
engagiert. Von 2006 bis 2009 war er Stu-
dent in der Friedensausbildung in Tamera, Portugal und ist seitdem Mitar-
beiter des Projektes. Seit 2009 Mitarbeiter im Institut
für globale Friedensarbeit von Tamera, engagiert sich
im Aufbau des globalen Netzwerks. Ab 1. Mai 2013
übernimmt er die Leitung der Schule Terra Nova.

Weitere Informationen:

Wer diese Gedanken liebt und bei ihrer Verwirklichung mithelfen möchte, ist herzlich eingeladen an der Schule Terra Nova teilzunehmen.

Institut für globale Friedensarbeit • Tamera
Monte do Cerro • P 7630-392 Reliquias • Portugal
Tel. +351 283 635 484 • igp@tamera.org
www.tamera.org

Spenden:

Die Schule Terra Nova wird von einem Team ehrenamtlich arbeitender junger Menschen getragen. Damit die Teilnahme an der Schule weiterhin kostenlos angeboten werden kann, ist das Projekt auf regelmäßige monatliche Spenden angewiesen. Die Spenden werden verwendet, um die Unterrichtseinheiten inkl. Videos und Audio-Aufnahmen zu erarbeiten, sie in verschiedene Sprachen zu übersetzen, zu verbreiten und online anzubieten.
Wir danken für jeden eingehenden Betrag!

Name: G.R.A.C.E.
Bank: Caixa Crédito Agrícola S. Teotónio
Kontonummer / NIB: 004563324023830233193
IBAN: PT50004563324023830233193
BIC: CCCMPTPL
Stichwort: Schule Terra Nova

Wir können auch Überweisungen über Paypal aufnehmen, bitte kontaktiert uns unter: igp@tamera.org

Literatur für das Grundstudium:

Dieter Duhm: **Die Heilige Matrix. Von der Matrix der Gewalt zur Matrix des Lebens**

Dieter Duhm: **Aufbruch zur neuen Kultur. Von der Verweigerung zur Neugestaltung***

Dieter Duhm: **Der unerlöste Eros**

Dieter Duhm: **Zukunft ohne Krieg. Theorie der globalen Heilung**

Dieter Duhm: **Politische Texte für eine gewaltfreie Erde**

Sabine Lichtenfels: **Weiche Macht. Ein neues Frauenbewußtsein und eine neue Liebe zu den Männern**

Sabine Lichtenfels: **Tempel der Liebe. Reise in das Zeitalter der sinnlichen Erfüllung**

Sabine Lichtenfels: **Traumsteine. Reise in das Zeitalter der sinnlichen Erfüllung**

Sabine Lichtenfels: **GRACE. Pilgerschaft für eine Zukunft ohne Krieg**

Sabine Lichtenfels: **Quellen der Liebe und des Friedens. Morgenandachten**

Leila Dregger: **Tamera. Ein Modell für die Zukunft**

Madjana Geusen (Hrsg.): **Der Heilige Gral des Mannes ist die Frau**

* *Dieses Buch ist auch online frei verfügbar unter: www.aufbruch-zur-neuen-kultur.org*

Eike Braunroth: **Heute schon eine Schnecke geküßt?**

Teilhard de Chardin: **Der Mensch im Kosmos**

Riane Eisler: **Kelch und Schwert**

Sepp Holzer: **Wüste oder Paradies? 'Holzer'sche Permakultur jetzt! Von der Renaturierung bedrohter Landschaften über Aqua-Kultur und Biotop-Aufbau bis zum Urban Gardening**

Jacques Lusseyran: **Das wiedergefundene Licht**

Peace Pilgrim: **Eine Pilgerin der Liebe**

Wilhelm Reich: **Charakteranalyse**

Wilhelm Reich: **Die Funktion des Orgasmus – Die Entdeckung des Orgons**

Satprem: **Der Sonnenweg. Der Schlüssel zur bewußten Evolution**

Viktor Schauberger: **Das Wesen des Wassers: Originaltexte**

Michael Talbot: **Das holographische Universum**